以漫画形式普及政务公开 让知识变得更有趣

漫说政务公开

以漫画形式普及政务公开 让知识变得更有趣

田禾 吴俊杰 王万秀 著

中国社会科学出版社

图书在版编目（CIP）数据

漫说政务公开/田禾，吴俊杰，王万秀著.—北京：中国社会科学出版社，
2023.7

ISBN 978-7-5227-2219-1

Ⅰ.①漫…　Ⅱ.①田…　②吴…　③王…　Ⅲ.①国家机构—行政管理—
研究—中国　Ⅳ.①D630.1

中国国家版本馆CIP数据核字（2023）第129093号

出 版 人	赵剑英
责任编辑	张　潜
责任校对	马婷婷
责任印制	王　超

出　　版	中国社会科学出版社
社　　址	北京鼓楼西大街甲 158 号
邮　　编	100720
网　　址	http://www.csspw.cn
发 行 部	010 - 84083685
门 市 部	010 - 84029450
经　　销	新华书店及其他书店

印刷装订	北京君升印刷有限公司
版　　次	2023年7月第1版
印　　次	2023年7月第1次印刷

开　　本	710×1000　1/16
印　　张	11
字　　数	108 千字
定　　价	98.00 元

凡购买中国社会科学出版社图书，如有质量问题请与本社营销中心联系调换
电话：010 - 84083683

前　言

　　《漫说政务公开》是一本普及政务公开知识的趣味漫画书，结合政务公开的发展历程以及我国在政务公开方面的实践，解读我国在政务公开方面的政策举措，采用漫说的形式生动有趣地讲述政务公开的起源和发展、政务公开的工作要求和四大延伸领域，旨在用最简单的漫说方式表达政务公开本身所具有的丰富含义，便于读者更加直观清晰且集中地了解政务公开。

　　本书第一章介绍政务公开的发展历程，从古今中外的角度探讨政务公开的起源与发展。第二章讲述政务公开的主动公开部分，主要包含公开主体、公开内容、"五公开"要求以及十四个常见领域，此外，还拓展了公共企事业单位信息公开的知识。第三章主要介绍政务公开的依申请公开部分，讲述依申请公开的定义、申请及答复主体、申请及答复的程序规范、处理决定的类型。第四章主要讲述基层政务公开标准化规范化的知识，细化政务公开专区的介绍。第五章主要介绍政务公开的延伸领域，分别从概念、文件依据、公开内容以及优秀案例等方面讲述司法公开、检务公开、警务公开和村务公开。

目录

第一章
政务公开的发展历程

第一节

世界历史上政务公开的发展

世界古代历史上政务公开的雏形 ⊙

世界历史上政务公开的立法 ⊙

世界历史上政务公开的发展

雅典民主时期

行政官员公开选举、轮番执政，采用"贝壳放逐法"[2]公开监督行政官员。

智慧仔解说

"贝壳放逐法"，又译陶片放逐法。在公民大会上，雅典公民可以在陶片或贝壳上写上希望被放逐者的名字，并通过投票表决将企图威胁雅典民主制度的政治人物予以政治放逐。

罗马帝国时期

在罗马议事厅外大街一块涂有石膏的木板上公开元老院的议事记录。

世界历史上 政务公开的立法

后来的发展呢？政务公开是从什么时候开始上升到法律规范的要求？

瑞典于1766年颁布了《出版自由法》，明确规定公众有获取政府档案的权利，这是世界上最早的政务公开相关法律。

世界历史上政务公开的发展

YUGONGKAI

第二节

中国古代的政务公开

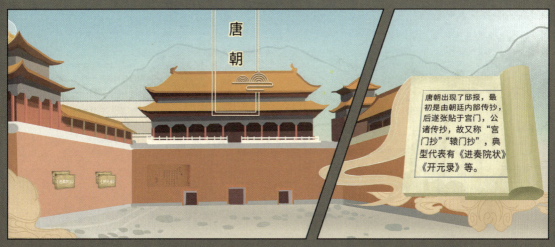

宋代

宋代发行的邸报主要刊载当时朝廷的大政方针、官员人事变动。

清朝

内阁在京城东华门外设置"抄写房"

每天派人去抄写当天的文书和新闻，最终在清政府的"邸抄"上发布和排版。

内容主要包含皇帝的言行、起居，对于官吏的任命和升迁，各种大臣的奏折等，在科考期还会附赠一些题目。

抄写房

是的。

在古代，城门和重要的关卡旁边都有张榜的地方，有点类似于现在的社区公告栏。

我看很多电视剧里会在城墙上张贴通缉告示，这也是古代的一种政务公开形式吗？

所张贴榜文的主要内容不仅仅是通缉犯人，还包括国家的政治方针、法律内容、科举取士等。

榜

YUSHIJIAN

第三节

新中国政务公开的探索与实践

早期探索阶段 ◎

制度形成阶段 ◎

全面深化阶段 ◎

全面深化阶段：

2015年

中共中央、国务院印发的《法治政府建设实施纲要（2015－2020年）》提出，"全面推进政务公开。坚持以公开为常态、不公开为例外原则，推进决策公开、执行公开、管理公开、服务公开、结果公开。"

在整体工作推进方面，2016年印发了《关于全面推进政务公开工作的意见》及其实施细则[3]，部署全面推进政务公开工作。

每年国务院办公厅均会发布年度工作要点或重点工作安排，通过年度工作要点的形式不断深化政务公开工作。

智慧仔解说

3 《国务院办公厅印发〈关于全面推进政务公开工作的意见〉实施细则的通知》（国办发〔2016〕80号）

在重点领域信息公开方面，先后出台财政预决算[4]、公共资源配置[5]、重大建设项目批准和实施[6]、社会公益事业建设[7]等领域信息公开相关政策，逐步明确公开要求，扩大公开范围。

智慧仔解说

4 《财政部发布关于进一步做好预算执行工作指导意见》（财预〔2010〕11号）。
5 《国务院办公厅关于推进公共资源配置领域政府信息公开的意见》（国办发〔2017〕97号）。
6 《国务院办公厅关于推进重大建设项目批准和实施领域政府信息公开的意见》（国办发〔2017〕94号）
7 《国务院办公厅关于推进社会公益事业建设领域政府信息公开的意见》（国办发〔2018〕10号）。

在基层政务公开方面，2017年发布了《国务院办公厅关于印发开展基层政务公开标准化规范化试点工作方案的通知》，在全国范围选择了100个县（市、区）就26个领域开展基层政务公开标准化规范化试点工作。

随后，又总结试点工作经验，出台《国务院办公厅关于全面推进基层政务公开标准化规范化工作的指导意见》，提出到2023年，基本建成全国统一的基层政务公开标准体系。

在公开平台方面，先后起草发布了关于政府网站8、政务新媒体9和政府信息公开平台10的建设管理政策。

智慧仔解说

8 《国务院办公厅关于印发政府网站发展指引的通知》（国办发〔2017〕47号）。

9 《国务院办公厅关于推进政务新媒体健康有序发展的意见》（国办发〔2018〕123号）、《国务院办公厅秘书局关于印发政府网站与政务新媒体检查指标、监管工作年度考核指标的通知》。

10 《国务院办公厅政府信息与政务公开办公室关于规范政府信息公开平台有关事项的通知》（国办公办函〔2019〕61号）。

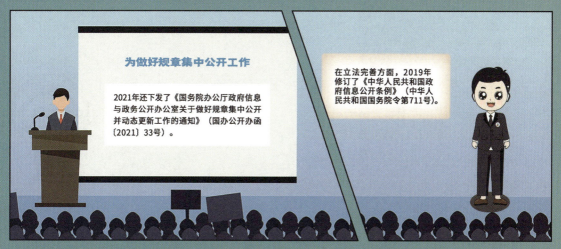

为做好规章集中公开工作

2021年还下发了《国务院办公厅政府信息与政务公开办公室关于做好规章集中公开并动态更新工作的通知》（国办公办函〔2021〕33号）。

在立法完善方面，2019年修订了《中华人民共和国政府信息公开条例》（中华人民共和国国务院令第711号）。

第二章 主动公开

第一节

主动公开的主体和内容

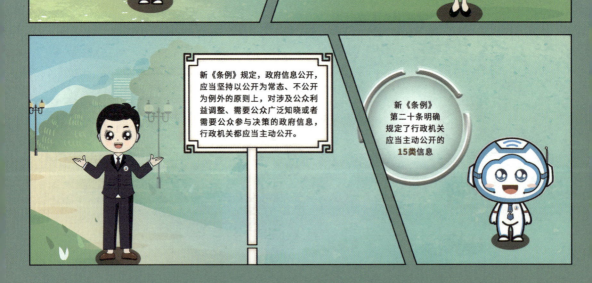

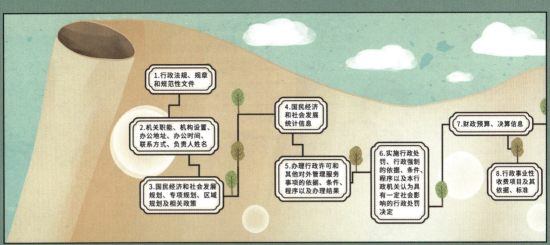

1.行政法规、规章和规范性文件

2.机关职能、机构设置、办公地址、办公时间、联系方式、负责人姓名

3.国民经济和社会发展规划、专项规划、区域规划及相关政策

4.国民经济和社会发展统计信息

5.办理行政许可和其他对外管理服务事项的依据、条件、程序以及办理结果

6.实施行政处罚、行政强制的依据、条件、程序以及本行政机关认为具有一定社会影响的行政处罚决定

7.财政预算、决算信息

8.行政事业性收费项目及其依据、标准

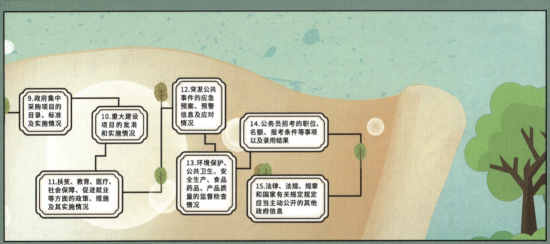

9.政府集中采购项目的目录、标准及实施情况

10.重大建设项目的批准和实施情况

11.扶贫、教育、医疗、社会保障、促进就业等方面的政策、措施及其实施情况

12.突发公共事件的应急预案、预警信息及应对情况

13.环境保护、公共卫生、安全生产、食品药品、产品质量的监督检查情况

14.公务员招考的职位、名额、报考条件等事项以及录用结果

15.法律、法规、规章和国家有关规定规定应当主动公开的其他政府信息

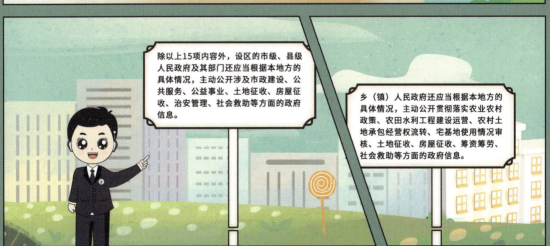

除以上15项内容外，设区的市级、县级人民政府及其部门还应当根据本地方的具体情况，主动公开涉及市政建设、公共服务、公益事业、土地征收、房屋征收、治安管理、社会救助等方面的政府信息。

乡（镇）人民政府还应当根据本地方的具体情况，主动公开贯彻落实农业农村政策、农田水利工程建设运营、农村土地承包经营权流转、宅基地使用情况审核、土地征收、房屋征收、筹资筹劳、社会救助等方面的政府信息。

主动公开的内容是固定不变的吗？

不是，新《条例》增加了动态扩大主动公开范围的相关条款，要求行政机关应当按照上级行政机关的部署，不断增加主动公开的内容。满足一定条件的依申请公开和不予公开内容可以转为主动公开。

新《条例》提出了依申请公开转主动公开的相关要求，第四十四条规定：

"多个申请人就相同政府信息向同一行政机关提出公开申请，且该政府信息属于可以公开的，行政机关可以纳入主动公开的范围。对行政机关依申请公开的政府信息，申请人认为涉及公众利益调整、需要公众广泛知晓或者需要公众参与决策的，可以建议行政机关将该信息纳入主动公开的范围。行政机关经审核认为属于主动公开范围的，应当及时主动公开。"

新《条例》还提出了不予公开信息转主动公开的相关要求，第十八条规定"对本行政机关不予公开的政府信息进行定期评估审查，对因情势变化可以公开的政府信息应当公开。"

第二节

"五公开"介绍

"五公开"的提出 ◉

"五公开"的内涵 ◉

实行重大决策预公开制度，涉及群众切身利益、需要社会广泛知晓的重要改革方案、重大政策措施、重点工程项目，除依法应当保密的外，在决策前应向社会公布决策草案、决策依据，通过听证座谈、调查研究、咨询协商、媒体沟通等方式广泛听取公众意见，以适当方式公布意见收集和采纳情况。

探索利益相关方、公众、专家、媒体等列席政府有关会议制度，增强决策透明度。

决策作出后，按照规定及时公开议定事项和相关文件。

执行公开 →

主动公开重点改革任务、重要政策、重大工程项目的执行措施、实施步骤、责任分工、监督方式，根据工作进展公布取得成效、后续举措，听取公众意见建议，加强和改进工作，确保执行到位。

各级政府及其工作部门都要做好督查和审计发现问题及整改落实情况的公开，对不作为、慢作为、乱作为问责情况也要向社会公开，增强抓落实的执行力。

管理公开 →

全面推行权力清单、责任清单、负面清单公开工作，建立健全清单动态调整公开机制。

推行行政执法公示制度，各级政府要根据各自的事权和职能，按照突出重点、依法有序、准确便民的原则，推动执法部门公开职责权限、执法依据、裁量基准、执法流程、执法结果、救济途径等，规范行政裁量，促进执法公平公正。

结果公开 →

各级行政机关都要主动公开重大决策、重要政策落实情况，加大对党中央、国务院决策部署贯彻落实结果的公开力度。

推进发展规划、政府工作报告、政府决定事项落实情况的公开，重点公开发展目标、改革任务、民生举措等方面事项。

建立健全重大决策跟踪反馈和评估制度，注重运用第三方评估、专业机构鉴定、社情民意调查等多种方式，科学评价政策落实效果，增强结果公开的可信度，以工作实绩取信于民。

ANBANKUAI

第三节

主动公开的常见版块

- 公开平台和渠道
- 重大行政决策预公开
- 解读回应
- 行政规范性文件
- 双公示
- 双随机、一公开
- 财政预决算
- 重点领域信息公开
- 权力清单
- 政务服务指南
- 建议提案办理
- 法治政府建设年度报告
- 政府信息公开工作年度报告
- 政府信息公开指南

一、公开平台和渠道

公开平台是指政府网站吗？有没有其他平台和渠道的要求呢？

当然不是啦，政府信息公开是通过多种渠道来开展的，新《条例》规定，行政机关可以通过政府公报、政府网站或者其他互联网政务媒体、新闻发布会以及报刊、广播、电视等途径主动公开政府信息。

政府门户网站是政务公开第一平台，《国务院办公厅关于印发政府网站发展指引的通知》中就要求"中国政府网要发挥好政务公开第一平台和政务服务总门户作用"。

而政府信息公开平台是依托政府门户网站建设，集中统一发布政府信息的平台，《国务院办公厅政府信息与政务公开办公室关于规范政府信息公开平台有关事项的通知》中对平台的功能定位、栏目设置、数据对接、管理维护等方面都提出了明确要求，并给出了统一的页面设计参考方案。

此外政务新媒体也是政务公开平台的重要组成部分，《国务院办公厅关于推进政务新媒体健康有序发展的意见》提出，到2022年，建成以中国政府网政务新媒体为龙头，整体协同、响应迅速的政务新媒体矩阵体系。

全面提升政务新媒体传播力、引导力、影响力、公信力，打造一批优质精品账号，建设更加权威的信息发布和解读回应平台、更加便捷的政民互动和办事服务平台。

同时要求，县级以上地方各级人民政府及国务院部门应当开设政务新媒体，其他单位可根据工作需要规范开设。

一个单位原则上在同一平台只开设一个政务新媒体账号，鼓励在网民集聚的新平台开设政务新媒体账号。

二、重大行政决策预公开

重大行政决策预公开都有哪些要求呢？

重大行政决策预公开是依法决策的有效保障，引导广大群众广泛有序参与政府决策，能够有效增强重大行政决策的科学性、可行性、稳定性。

2019年，国家专门出台了《重大行政决策程序暂行条例》（国令第713号），该法规明确了重大行政决策程序的系列要求，对重大行政决策事项范围、决策事项目录、公开征求意见和会议开放等都有相关规定。

决策承办单位应当通过政府网站、政务新媒体以及报刊、广播、电视等便于社会公众知晓的途径向社会公开征求意见。

向社会公开征求意见有期限要求吗？

当然有的，公开征求意见的期限一般不少于30日，因情况紧急等原因需要缩短期限的，公开征求意见时应当予以说明。

向社会公开征求意见需要公开哪些内容？

在决策前向社会公布决策草案及其说明、决策依据，明确提出意见的方式和期限。

《国务院办公厅印发〈关于全面推进政务公开工作的意见〉实施细则的通知》中提到，还应当向社会公布意见的采纳情况，相对集中的意见建议不予采纳的要说明理由。

会议开放有哪些需要注意的地方？

对涉及公众利益、需要社会广泛知晓的政府常务会议、电视电话会议等政府会议，行政机关应积极采取广播电视、网络和新媒体直播等形式向社会公开。

各级政府部门要建立健全利益相关方、公众代表、专家、媒体等列席政府有关会议的制度。

三、解读回应

解读回应工作是政务公开的工作重点之一，在这方面有哪些具体要求？

根据《关于全面推进政务公开工作的意见》及其实施细则、国务院办公厅各年度的政务公开工作要点等文件，主要有政策解读主体、内容、形式、解读的发布以及回应关切等方面的要求。

政策解读是由谁来进行解读？

多部门联合发文的政策一般由谁来解读？

以政府名义发布的政策又由谁来解读呢？

按照"谁起草、谁解读"的原则，做好政策解读工作。

以部门名义印发的政策性文件，制发部门负责做好解读工作。部门联合发文的，牵头部门负责做好解读工作，其他联合发文部门配合。

以政府名义印发的政策性文件，由起草部门做好解读工作。

我看到部分政策还有"主要负责人解读"，为什么要主要负责人来解读？

《关于全面推进政务公开工作的意见》提出，领导干部要带头宣讲政策，特别是遇有重大突发事件、重要社会关切等，主要负责人要带头接受媒体采访，表明立场态度，发出权威声音，当好"第一新闻发言人"。

《国务院办公厅关于印发2016年政务公开工作要点的通知》要求，涉及面广、社会关注度高的法规政策和重大措施，各地区各部门主要负责人应通过参加新闻发布会、接受访谈、发表文章等方式带头宣讲政策，解疑释惑，传递权威信息。省级政府、与宏观经济和民生关系密切的国务院部门主要负责人，年内解读重要政策措施不少于1次。

国家还鼓励哪些主体参与政策解读？

主动公开的常见版块

国家还鼓励掌握相关政策、熟悉有关领域业务的专家学者和新闻媒体参与政策解读。

《关于全面推进政务公开工作的意见》要求加强专家库建设，发挥专家解读政策的作用；要运用主要新闻媒体及时发布信息，解读政策，引领社会舆论。

政策解读应当包括哪些内容？

解读政策时，要重视解读材料的质量，避免简单重复政策原文或直接列举原文标题，着重解读政策措施的背景依据、目标任务、主要内容、涉及范围、执行标准，以及注意事项、关键词诠释、惠民利民举措、新旧政策差异等，使政策内涵透明，避免误解误读。

同时，每年政务公开工作要点中也会对政策解读的重点方向提出专门的意见，如2021年工作要点提出，重点解读扎实做好"六稳"工作、全面落实"六保"任务等政策。

2022年工作要点要求加大对基础设施补短板等重点领域和减负稳岗扩就业政策的解读力度。

可以通过哪些方式进行政策解读？

探索运用政策简明问答、网络问政、政策进社区等方式，采用图片图表、音频视频、卡通动漫、新闻发布、政策吹风、接受访谈、发表文章等方式，多用客观数据、生动案例，进行立体式、多方位解读。

2021年工作要点又提出，要加强政策咨询服务，政策制定机关要积极解答政策执行机关和企业、群众的咨询，精准传达政策意图。

政策解读的发布有哪些具体要求？

建议分类集中发布政策解读。门户网站设置政策解读专栏或专题，优化栏目设置，集中发布政策解读信息，方便人民群众准确查询了解相关政策。

将解读文件与对应的政策文件相互关联，方便同步查看政策文件与解读信息。

四是对涉及多个部门的政务舆情，相关部门按照职责分工做好回应工作，部门之间应加强沟通协商，确保回应的信息准确一致，本级政府办公厅（室）会同宣传部门做好组织协调、督促指导工作，必要时可确定牵头部门；

对特别重大的政务舆情，本级政府主要负责同志要切实负起领导责任，指导、协调、督促相关部门做好舆情回应工作。

哪些舆情需要重点回应？怎么判断呢？

各地区各部门需重点回应的政务舆情主要包括以下几种。

涉及党中央国务院重要决策部署、政府常务会议和国务院部门部务会议议定事项的政务舆情信息；

涉及公众切身利益可能产生较大影响的媒体报道，引发媒体和公众关切、可能影响政府形象和公信力的舆情信息；

涉及民生领域严重冲击社会道德底线的民生舆情信息；

涉及重大突发事件处置和自然灾害应对的舆情信息；

严重危害社会秩序和国家利益的不实信息；

上级政府要求下级政府主动回应的政务舆情等。

各种舆情信息应该如何处理？

可以通过哪些途径回应社会关切，提高回应实效？

各地区各部门可以通过发布权威信息、召开新闻发布会或吹风会、接受媒体采访等方式对监测发现的政务舆情进行回应。

利用新兴媒体（政务微博、微信、客户端等）和政府网站扩大回应信息传播范围。

通过召开新闻发布会或吹风会进行回应的，相关部门负责人或新闻发言人应当出席。对出面回应的政府工作人员，要给予一定的自主空间，宽容失误。

回应内容应围绕舆论关注的焦点、热点和关键问题，实事求是、言之有据、有的放矢，避免自说自话，力求表达准确、亲切、自然。

当前回应关切有哪些要求？

"建立市场主体反映投资和工程建设项目审批问题的办理和反馈机制，及时回应和解决'堵点'问题。"

"密切关注重大建设项目舆情并及时作出回应。"

"严格执行疫情防控信息发布各项制度，统筹用好各类信息发布平台，持续发布疫情防控进展信息，及时充分回应社会关切，防止引发疑虑和不实炒作。"

每年政务公开工作要点中，都对当前阶段需要重点关注的领域提出及时回应群众关切的要求，如2022年政务公开工作要点要求有三点。

四、行政规范性文件

什么是行政规范性文件呢？

行政规范性文件是指除国务院的行政法规、决定、命令以及部门规章和地方政府规章外，由行政机关或者经法律、法规授权的具有管理公共事务职能的组织（以下统称行政机关）依照法定权限、程序制定并公开发布，涉及公民、法人和其他组织权利义务，具有普遍约束力，在一定期限内反复适用的公文[11]。

智慧仔解说

11《国务院办公厅关于加强行政规范性文件制定和监督管理工作的通知》（国办发〔2018〕37号）。

听说行政规范性文件制定的时候要公开征集意见，具体有什么要求呢？

是的，行政规范性文件必须严格依照法定程序制发，要严格执行公开征集意见程序，在决策前要公开文件草案及其说明等材料，并明确提出意见的方式和期限。

除了发布征求意见公告外，有没有其他征集意见形式？

对涉及群众重大利益调整的，起草部门要深入调查研究，采取座谈会、论证会、实地走访等形式充分听取各方面意见，特别是利益相关方的意见。

什么是"双公示"？

五、双公示

根据《国家发展改革委办公厅关于进一步完善行政许可和行政处罚等信用信息公示工作的指导意见》，"双公示"是指将行政许可和行政处罚等信用信息自作出行政决定之日起7个工作日内上网公开的规定。

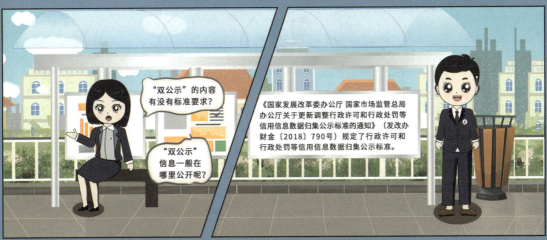

"双公示"的内容有没有标准要求？

"双公示"信息一般在哪里公开呢？

《国家发展改革委办公厅 国家市场监管总局办公厅关于更新调整行政许可和行政处罚等信用信息数据归集公示标准的通知》（发改办财金〔2018〕790号）规定了行政许可和行政处罚等信用信息数据归集公示标准。

《国家发展改革委办公厅关于进一步完善行政许可和行政处罚等信用信息公示工作的指导意见》明确提出了公开方式。

各地区应依托省级信用门户网站开发"双公示"信息报送系统，在各级信用门户网站设置"双公示"专栏；

具有行政许可和行政处罚权限的行政机关应在本部门门户网站设置"双公示"专栏，公示行政许可和行政处罚信息。

鼓励有条件的地方，探索应用大数据、移动互联等信息化手段，在法律法规允许范围内推动"双公示"移动端应用，开发智能便捷的"双公示"数据采集录入系统，提高工作效率。

六、双随机、一公开

什么是"双随机、一公开"?

"双随机、一公开"是《国务院办公厅关于推广随机抽查规范事中事后监管的通知》要求在全国全面推行的一种监管模式。

"双随机"是指在监管过程中随机抽取检查对象，随机选派执法检查人员。

"一公开"是指抽查情况及查处结果及时向社会公开。

需要公开哪些具体内容?

《国务院关于在市场监管领域全面推行部门联合"双随机、一公开"监管的意见》要求:

除法律法规明确规定外，抽查事项、抽查计划、抽查结果都要及时、准确、规范向社会公开，实现阳光监管，杜绝任性执法。

如何公开随机抽查事项，要公开哪些要素？

各有关部门要依照法律、法规、规章规定，建立本部门随机抽查事项清单，明确抽查依据、主体、内容、方式等。

随机抽查事项清单应根据法律、法规、规章立改废释和工作实际情况等进行动态调整，并及时通过相关网站和平台向社会公开。

《国务院办公厅关于印发2017年政务公开工作要点的通知》提出，地方各级政府要汇总形成并统一公布本级随机抽查事项清单。

由谁来公开？在什么地方公开？

《国务院关于在市场监管领域全面推行部门联合"双随机、一公开"监管的意见》规定

按照"谁检查、谁录入，谁公开"的原则，将抽查检查结果通过国家企业信用信息公示系统和全国信用信息共享平台等进行公示，接受社会监督。

七、财政预决算

政府部门的财政预决算信息一直被广泛关注，是否也有专门的公开要求？

是的，财政预决算是反映政府活动的重要形式，也是群众了解政府活动、监督政府使用财政资金、评判政府财政资金使用成效的主要依据。

财政预决算一般在什么时候公开，在哪里公开？

经过多年探索，财政部在2016年就出台了《地方预决算公开操作规程》，其中对公开主体、公开内容、公开时间、公开方式、涉密事项处理和监督保障措施都有明确的规定。

《地方预决算公开操作规程》

- ☑ 公开主体
- ☑ 公开内容
- ☑ 公开时间
- ☑ 公开方式
- ☑ 涉密事项处理
- ☑ 监督保障措施

鼓励公开时间适当提前，原则上在同一天集中公开。

地方各级财政部门、各预算部门建有门户网站的，应当在门户网站公开预决算，并永久保留，其中当年预决算应当公开在网站醒目位置。

政府预决算应当在本级人民代表大会或其常务委员会批准后20日内向社会公开。部门预决算应当在本级政府财政部门批复后20日内向社会公开。

地方各级财政部门应当在本级政府或财政部门门户网站设立预决算公开统一平台（或专栏），将政府预决算、部门预决算在平台（或专栏）集中展示。

没有门户网站的，应当采取措施在公开媒体公开预决算，并积极推动门户网站建设。

财政预决算公开内容都是一样的吗？

不是的，政府预决算和部门预决算公开内容是有差别的，《地方预决算公开操作规程》和《财政部关于印发财政预决算领域基层政务公开标准指引的通知》详细规定了不同种类财政预决算的公开时间、公开方式、公开内容等要求。

政府预决算需要公开什么内容？

地方各级财政部门应当公开一般公共预算、政府性基金预算、国有资本经营预算、社会保险基金预算四本预算。具体公开内容如下。

地方一般公共预算原则上至少公开6张报表

①一般公共预算收入表
②一般公共预算支出表
③一般公共预算本级支出表
④一般公共预算本级基本支出表
⑤一般公共预算税收返还和转移支付表
⑥政府一般债务限额和余额情况表

地方本级汇总的一般公共预算"三公"经费

预算总额，以及因公出国（境）费、公务用车购置及运行费（区分公务用车购置费、公务用车运行费两项）、公务接待费分项数额，由地方各级财政部门负责公开，并对增减变化情况进行说明。

地方政府性基金预算原则上至少公开4张报表

①政府性基金收入表
②政府性基金支出表
③政府性基金转移支付表
④政府专项债务限额和余额情况表

地方国有资本经营预算原则上至少公开2张报表

①国有资本经营预算收入表
②国有资本经营预算支出表
对下安排转移支付的应当公开国有资本经营预算转移支付表。

地方社会保险基金预算原则上至少公开2张报表

①社会保险基金收入表
②社会保险基金支出表
没有数据的表格应当列出空表并说明。

部门预决算需要公开哪些财政信息?

地方部门预决算公开的内容为地方各级财政部门批复的部门预决算及报表,包括部门收支总体情况和财政拨款收支情况(财政拨款收支情况包括一般公共预算、政府性基金预算、国有资本经营预算拨款收支情况)。

部门收支总体情况原则上至少公开3张报表

①部门收支总体情况表
②部门收入总体情况表
③部门支出总体情况表

财政拨款收支情况原则上至少公开5张报表

①财政拨款收支总体情况表
②一般公共预算支出情况表
③一般公共预算基本支出情况表
④一般公共预算"三公"经费支出情况表
⑤政府性基金预算支出情况表
没有数据的表格应当列出空表并说明。

除此之外,各地区应结合工作进展情况,推动各部门逐步公开国有资产占用、重点项目预算的绩效目标和绩效评价结果等情况。

预决算公开表格的统计项目有没有公开要求?

有要求的,《地方预决算公开操作规程》第十五条要求政府预决算中,地方一般公共预算、政府性基金预算、国有资本经营预算和社会保险基金预算报表中涉及本级支出的,应当公开到功能分类项级科目。

一般公共预算基本支出应当公开到经济性质分类款级科目,专项转移支付应当分地区、分项目公开。

第十九条要求部门预决算中，一般公共预算支出情况表公开到功能分类项级科目。

一般公共预算"三公"经费支出按"因公出国（境）费""公务用车购置及运行费""公务接待费"公开，其中，"公务用车购置及运行费"应当细化到"公务用车购置费""公务用车运行费"两个项目。

一般公共预算基本支出表公开到经济性质分类款级科目。

财政预决算中的一些报表和专有名词我看不懂怎么办？

不用担心。

《地方预决算公开操作规程》第十六条规定，地方各级财政部门在公开政府预决算时，应当对财政转移支付安排、举借政府债务、预算绩效工作开展情况等重要事项进行解释、说明。

第二十条规定，地方各部门公开预决算的同时，应当一并公开本部门的职责、机构设置情况、预算收支增减变化、机关运行经费[12]安排以及政府采购等情况的说明，并对专业性较强的名词进行解释。

智慧仔解说

12
机关运行经费，是指各部门的公用经费，包括办公及印刷费、邮电费、差旅费、会议费、福利费、日常维修费、专用材料及一般设备购置费、办公用房水电费、办公用房取暖费、办公用房物业管理费、公务用车运行维护费以及其他费用。

只要公开政府和部门的预决算就行了吗？

不仅仅是政府和部门的预决算信息，近年来国家对部门所属单位的财政预决算公开也有细化要求。

《国务院关于进一步深化预算管理制度改革的意见》提出，要落实部门和单位财务管理主体责任，强化部门对所属单位预算执行的监控管理职责。

除应急、救灾等特殊事项外，部门不得代编应由所属单位实施的项目预算。

该文件还明确规定8类信息的具体内容。

批准服务信息

申报要求、申报材料清单、批准流程、办理时限、受理机构联系方式、监督举报方式等。

批准结果信息

项目建议书审批结果、可行性研究报告审批结果、初步设计文件审批结果、项目核批结果、节能审查意见、建设项目选址意见审批结果、建设项目用地（用海）预审批结果、环境影响评价审批文件、建设用地规划许可审批结果、建设工程规划类许可审批结果、施工许可（开工报告）审批结果、招标事项审批核准结果、取水许可、水土保持方案、洪水影响评价等涉水事项审批结果等。

招标投标信息

资格预审公告、招标公告、中标候选人公示、中标结果公示、合同订立及履行情况、招标投标违法处罚信息等。

《国务院办公厅关于推进重大建设项目批准和实施领域政府信息公开的意见》要求"在重大建设项目批准和实施过程中，重点公开批准服务信息、批准结果信息、招标投标信息、征收土地信息、重大设计变更信息、施工有关信息、质量安全监督信息、竣工有关信息等8类信息"。

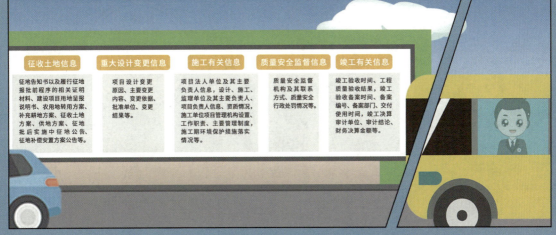

征收土地信息

征地告知书以及履行征地报批前程序的相关证明材料、建设项目用地呈报说明书、农用地转用方案、补充耕地方案、征收土地方案、供地方案、征地批后实施中征地公告、征地补偿安置方案公告等。

重大设计变更信息

项目设计变更原因、主要变更内容、变更依据、批准单位、变更结果等。

施工有关信息

项目法人单位及其主要负责人信息，设计、施工、监理单位及其主要负责人、项目负责人信息、资质情况，施工单位项目管理机构设置、工作职责、主要管理制度，施工期环境保护措施落实情况等。

质量安全监督信息

质量安全监督机构及其联系方式、质量安全行政处罚情况等。

竣工有关信息

竣工验收时间、工程质量验收结果、竣工验收备案时间、备案编号、备案部门、交付使用时间、竣工决算审计单位、审计结论、财务决算金额等。

《国家发展改革委办公厅关于印发〈重大建设项目领域基层政务公开标准指引〉的通知》更加详细的指出重大建设项目领域8方面26类公开事项的公开内容、公开依据、公开时限、公开主体、公开渠道、公开对象和公开方式等信息。

哪些项目是重大建设项目，需要按规定要求进行公开？

基本医疗卫生领域

①重大疾病预防控制、国家免疫规划、突发公共卫生事件、传染病疫情及防控等信息。

②针对妇女、未成年人、老年人等重点人群和农村、工矿企业等重点区域，开展专项健康科普的信息。

③疾病应急救助、健康扶贫政策落实情况公开工作。

④食品安全信息，完善推广企业"黑名单"制度。

环境保护领域

①大气污染防治、水污染防治、土壤污染管控和修复等信息的公开。

②环境污染防治和生态保护政策措施、实施效果，污染源监测及减排，建设项目环境影响评价审批，重大环境污染和生态破坏事件调查处理，环境保护执法监管、投诉处理等信息。

③大范围重污染天气预警提示信息，统筹做好重污染天气期间信息发布、舆情引导等工作。

灾害事故救援领域

①自然灾害、重大事故灾难、公共卫生事件等突发事件的应急处置与救援、医疗救护与卫生防疫、次生灾害预警防范等工作情况及动态信息。

②灾害救助需求信息，推动做好救助款物和捐赠款物的数量、使用情况，救助对象及其接受救助款物数额，灾后恢复重建工作进展等信息。

公共文化体育领域

① 公共文化体育的服务保障政策、服务体系建设、财政资金投入和使用、设施建设和使用、政府购买公共文化体育服务的目录、绩效评价结果等信息。

② 文化遗产保护、公共文化体育设施名录、公益性文化服务活动、公益性体育赛事和活动、受捐款物管理使用等情况。

各部委还相继出台了社会公益事业建设领域的基层政务公开标准指引：

社会公益事业建设领域的基层政务公开标准指引

扶贫	《国务院扶贫办综合司关于印发扶贫领域基层政务公开标准指引的通知》
社会救助和养老服务	《民政部办公厅关于印发社会救助和养老服务领域基层政务公开标准指引的通知》（民办函〔2019〕52号）
义务教育	《教育部办公厅关于印发〈义务教育领域基层政务公开标准指引〉的通知》（教办厅函〔2019〕39号）
卫生健康	《国家卫生健康委办公厅关于印发卫生健康领域基层政务公开标准指引（试行）的通知》（国卫办政务函〔2019〕698号）
生态环境	《关于印发生态环境领域基层政务公开标准指引的通知》（环办厅函〔2019〕672号）
安全生产和救灾	《应急管理部办公厅关于印发安全生产和救灾领域基层政务公开标准目录指引的通知》（应急厅函〔2019〕390号）
就业和社会保险	《人力资源社会保障部办公厅关于印发就业和社会保险领域基层政务公开标准指引的通知》（人社厅函〔2019〕113号）
公共文化服务	《文化和旅游部办公厅 国家文物局办公室关于印发〈公共文化服务领域基层政务公开标准指引〉的通知》（办办发〔2019〕139号）
公共法律服务	《司法部办公厅关于印发公共法律服务领域基层政务公开标准指引的通知》（司办通〔2019〕57号）
涉农补贴	《农业农村部办公厅关于印发涉农补贴领域基层政务公开标准指引的通知》（农办计财〔2019〕41号）

如何避免乡村振兴（扶贫）、社会救助等领域存在的贪污挪用、优亲厚友、虚报冒领等突出问题？

《国务院办公厅关于推进社会公益事业建设领域政府信息公开的意见》规定要"主动公开社会公益事业建设重要政策落实情况，尤其是国家面向困难群众的扶持、救助等政策落实情况和主要成效"，"全面公开救助对象认定、救助标准、福利补贴申领及申请审批程序等相关政策，有针对性地公开救助款物的管理和使用、福利补贴发放等情况"。

根据此项要求，全面加强乡村振兴（扶贫）、社会救助等领域的信息公开，接受社会监督，可有效制止不良现象出现。

我看网上经常出现"山寨社团""非法组织"招摇撞骗等报道，有对这类问题提出相关要求吗？

有！针对这类问题，国办要求"及时公开从事社会公益的公共企事业单位、社会组织名录，设立、变更、注销登记等审批信息，以及年检年报、评估检查、奖励处罚等监管信息"。

之所以要求及时发布这些信息，就是为了扩大监督面、保障群众知情权、切实维护群众利益。

我想为一些困难群众提供点帮助，捐赠一些物资，但我怎么能了解到这些物资的去向？

国办要求"深化社会公益事业建设资金分配和使用情况的公开，准确记录资金的具体流向并向社会公开"，"及时发布灾害救助需求，救助款物和捐赠款物的数量、使用情况，救助对象及其接受救助款物数额，以及灾后恢复重建工作进展等信息"。

那我家小孩所上的学校是不是也要按规定公开？

是的，社会公益事业建设领域信息公开不仅对政府行政机关有要求，而且对相关的公共企事业单位、社会组织也都有要求。

文件还要求，要推动有关公共企事业单位、慈善组织如实公开社会公益事业信息。

要求国务院教育、环境保护、文化、卫生计生等主管部门和其他有关部门要建立完善相关领域公共企事业单位信息公开制度和监管机制，不断提升社会公益事业建设领域政府信息公开的制度化规范化水平。

公共资源配置领域需要公开哪些信息？

《国务院办公厅关于推进公共资源配置领域政府信息公开的意见》根据公共资源配置领域的行业特点和业务实际，聚焦社会关注度高、关系群众切身利益的事项，梳理提出了住房保障、国有土地使用权出让、矿业权出让、政府采购、国有产权交易、工程建设项目招投标等6大类、37项重点公开的信息类别。

住房保障

①项目建设方面：城镇保障性安居工程规划建设方案、年度建设计划信息（包括建设计划任务量、计划项目信息、计划户型）、建设计划完成情况信息（包括计划任务完成进度、已开工项目基本信息、已竣工项目基本信息、配套设施建设情况）、农村危房改造相关政策措施执行情况信息（包括农村危房改造政策、对象认定过程、补助资金分配、改造结果）。

②住房分配方面：保障性住房分配政策、分配对象、分配房源、分配程序、分配过程、分配结果等信息。

国有土地使用权出让

土地供应计划

出让公告

成交公示

供应结果等信息

矿业权出让

出让以下信息

公告公示

审批结果信息

项目信息

政府采购

①采购项目公告、采购文件、采购项目预算金额、采购结果、采购合同等采购项目信息。

②财政部门作出的投诉和监督检查等处理决定、对集中采购机构的考核结果，违法失信行为记录等监督处罚信息。

国有产权交易

产权交易决策及批准信息、交易项目信息、转让价格、交易价格、相关中介机构审计结果等信息。

工程建设项目招投标

①依法必须招标项目的审批核准备案信息、市场主体信用等信息。

②招标公告（包括招标条件、项目概况与招标范围、投标人资格要求、招标文件获取、投标文件递交等）、中标候选人（包括中标候选人排序、名称、投标报价、工期、评标情况、项目负责人、个人业绩、有关证书及编号、中标候选人在投标文件中填报的资格能力条件、提出异议的渠道和方式等）、中标结果、合同订立及履行等信息。

各类公共资源配置信息都由谁来负责公开？

按照"谁批准、谁公开，谁实施、谁公开，谁制作、谁公开"的原则，合理界定公开各类信息的责任主体。

涉及行政审批结果信息的由审批部门负责公开，公共资源项目信息、中标（成交）信息、合同履约信息等由管理或实施公共资源配置的国家机关、企事业单位分别予以公开。

九、权力清单

什么是权力清单？
为什么要向社会公开？

《关于推行地方各级政府工作部门权力清单制度的指导意见》中提到，"将地方各级政府工作部门行使的各项行政职权及其依据、行使主体、运行流程、对应的责任等，以清单形式明确列示出来，向社会公布，接受社会监督。"

中办、国办印发的《关于全面推进政务公开工作的意见》要求"全面推行权力清单、责任清单、负面清单公开工作，建立健全清单动态调整公开机制。"

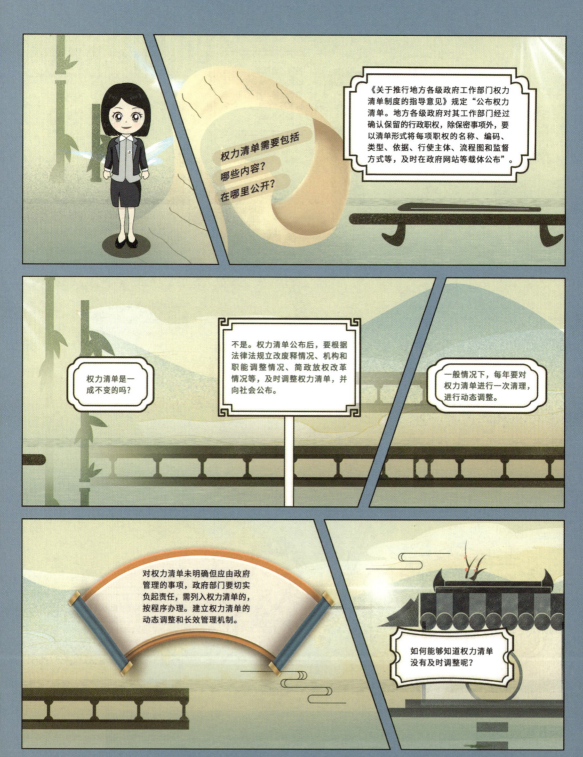

权力清单需要包括哪些内容？在哪里公开？

《关于推行地方各级政府工作部门权力清单制度的指导意见》规定"公布权力清单。地方各级政府对其工作部门经过确认保留的行政职权，除保密事项外，要以清单形式将每项职权的名称、编码、类型、依据、行使主体、流程图和监督方式等，及时在政府网站等载体公布"。

权力清单是一成不变的吗？

不是。权力清单公布后，要根据法律法规立改废释情况、机构和职能调整情况、简政放权改革情况等，及时调整权力清单，并向社会公布。

一般情况下，每年要对权力清单进行一次清理，进行动态调整。

对权力清单未明确但应由政府管理的事项，政府部门要切实负起责任，需列入权力清单的，按程序办理。建立权力清单的动态调整和长效管理机制。

如何能够知道权力清单没有及时调整呢？

权力清单调整不及时有几种比较常见的情况。

一是法律法规被废止产生的权力变更，如《疫苗流通和预防接种管理条例》（国务院令第668号）于2020年3月27日废止，各地市场监管部门权力清单中就不应当继续把此文件作为行政职权设置的依据。

二是由新制定或修订的立法生效产生的权力变更，如2021年6月1日新修订实施的《中华人民共和国未成年人保护法》新增了对校园欺凌相关的法律条文，第三十九条规定"对实施欺凌的未成年学生，学校应当根据欺凌行为的性质和程度，依法加强管教。对严重的欺凌行为，学校不得隐瞒，应当及时向公安机关、教育行政部门报告，并配合相关部门依法处理"，公安、教育部门权力清单应当增加"对学生欺凌行为制止、处理"相关权力事项。

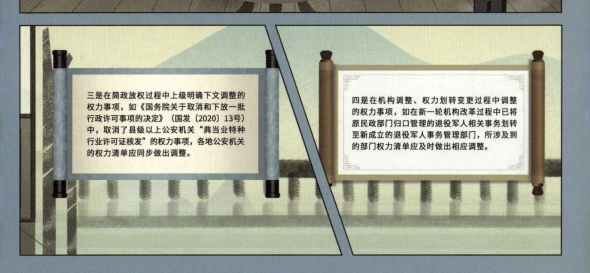

三是在简政放权过程中上级明确下文调整的权力事项，如《国务院关于取消和下放一批行政许可事项的决定》（国发〔2020〕13号）中，取消了县级以上公安机关"典当业特种行业许可证核发"的权力事项，各地公安机关的权力清单应同步做出调整。

四是在机构调整、权力划转变更过程中调整的权力事项，如在新一轮机构改革过程中已将原民政部门归口管理的退役军人相关事务划转至新成立的退役军人事务管理部门，所涉及到的部门权力清单应及时做出相应调整。

十、政务服务指南

政务服务指南有哪些内容？

《国务院关于加快推进"互联网+政务服务"工作的指导意见》（国发〔2016〕55号）要求

规范和完善办事指南 —— 列明

事项名称
依据条件
办理材料
流程时限
收费标准
注意事项

等

明确需提交材料的名称、依据、格式、份数、签名签章等要求，并提供规范表格、填写说明和示范文本。

除办事指南明确的条件外，不得自行增加办事要求。

各部门服务事项那么多，我们怎么能了解到一个部门完整的服务事项呢？

放心吧，《国务院办公厅关于建立政务服务"好差评"制度提高政务服务水平的意见》

提出

要根据法定职责和权责清单，基于国家政务服务事项基本目录，编制完整的政务服务事项清单，实现同一事项的名称、编码、依据、类型等基本要素统一。

文件还要求，要公开并及时更新完善清单和办事指南，逐项编制、完善办事指南，明确受理单位、办理渠道、申请条件、申请材料、办理程序、办理时限、收费依据及标准、评价渠道等要素。因此，我们可以在政务服务网站看到各部门的政务服务事项清单。

政务服务事项清单中是不是只有审批类事项呢？

不是的，《国务院关于在线政务服务的若干规定》中提到，"政务服务事项包括行政权力事项和公共服务事项"，公开的政务服务事项清单应当包括这两种事项清单。行政权力事项主要包括许可、给付、奖励、确认、裁决、其他6类依申请类的服务事项。

政务服务指南在哪里公开？

政务服务指南一般都在政务服务平台集中公开。《国务院关于加快推进全国一体化在线政务服务平台建设的指导意见》规定，各地区政务服务平台按照省级统筹原则建设。

通过整合本地区各类办事服务平台，建成本地区各级互联、协同联动的政务服务平台，办理本地区政务服务业务，实现网上政务服务省、市、县、乡镇（街道）、村（社区）全覆盖。

各省（自治区、直辖市）政务服务平台与国家政务服务平台互联互通，依托国家政务服务平台办理跨地区、跨部门、跨层级的政务服务业务。

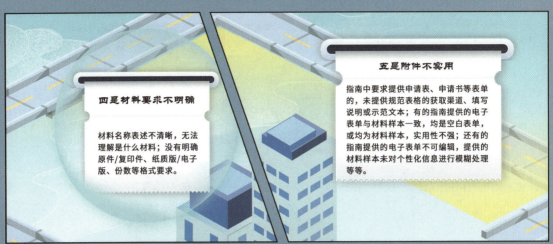

四是材料要求不明确

材料名称表述不清晰，无法理解是什么材料；没有明确原件/复印件、纸质版/电子版、份数等格式要求。

五是附件不实用

指南中要求提供申请表、申请书等表单的，未提供规范表格的获取渠道、填写说明或示范文本；有的指南提供的电子表单与材料样本一致，均是空白表单，或均为材料样本，实用性不强；还有的指南提供的电子表单不可编辑，提供的材料样本未对个性化信息进行模糊处理等等。

十一、建议提案办理

建议提案办理是指什么？

建议提案办理是指对人大代表建议和政协委员提案的办理。

那建议提案的办理结果是由谁来公开？

按照"谁办理、谁公开"的原则进行公开，《国务院办公厅关于做好全国人大代表建议和全国政协委员提案办理结果公开工作的通知》规定，对于独办、主会办的建议和提案，独办单位和主办单位是办理复文公开的主体。

对于分办的建议和提案，各分办单位是办理复文公开的主体。

建议提案办理完就可以直接向社会公开吗？

不是的，建议提案办理结果公开前，要遵循严格的审查程序。

上述文件还提到，"建议和提案办理复文公开前，各地区、各部门应依照《条例》等有关规定，对拟公开的办理复文进行审查，履行与会办单位的沟通确认程序，会办单位应主动向主办单位提供是否公开的意见；需要征求建议和提案提出个人意见的，应做好征求意见工作。对于经审查可以公开的建议和提案办理复文，应采用主动公开的方式予以公开。"

十二、法治政府建设年度报告

法治政府建设年度报告公开的依据是什么?

《法治政府建设实施纲要（2021－2025年）》提出"严格执行法治政府建设年度报告制度，按时向社会公开。"

法治政府建设年度报告在什么时间会向社会公布?

《法治政府建设与责任落实督察工作规定》要求在每年4月1日之前公开地方各级政府和县级以上政府部门的法治政府建设年度报告。

依据中国社会科学院法学研究所法治指数创新工程项目组编写的《"法治政府建设年度报告"发布情况第三方评估报告（2021）》，当前地方法治政府建设年度报告发布工作的存在以下几点常见问题。

年报理解有偏差。有单位误认为法治政府建设年度报告不在主动公开范围内，无需对外公开。

发布时间不及时。部分单位未在4月1日前发布本单位的年度报告。

发布渠道不统一。有的同时发布在本级门户网站和司法厅（司法局）门户网站，有的则在其中一个平台发布。报告的发布栏目不统一。

报告名称不统一。各地各部门法治政府建设年度报告使用的名称不统一，例如****年度推进法治政府建设工作情况、****年度法治政府建设工作报告、****年法治政府建设情况的报告等。

报告内容不规范。存在内容口径、标准不一的问题。以重大决策的情况介绍为例，有的报告只是笼统介绍情况，有的报告则详细地列明了具体举措或数据。报告中部分数据披露比例不高，例如规范性文件监督审查情况、重大行政决策公众参与情况、行政诉讼数据情况等。

十三、政府信息公开工作年度报告

政府信息公开工作年度报告由谁来负责编制？谁负责公开？

根据新《条例》规定，各行政机关政府信息公开工作年度报告由政府信息公开工作机构[14]来组织编制。

智慧仔解说

[14] 政府信息公开工作机构，各级人民政府及县级以上人民政府部门都会指定机构来负责本行政机关政府信息公开的日常工作，这个机构称为政府信息公开工作机构。

各级政府部门负责公开本单位的政府信息公开工作年度报告，县级以上地方政府的政府信息公开工作年度报告由政府信息公开工作主管部门[15]向社会公开。

智慧仔解说

[15] 政府信息公开工作主管部门，国务院办公厅是全国政府信息公开工作的主管部门，县级以上地方人民政府办公厅（室）是本行政区域的政府信息公开工作主管部门，实行垂直领导的部门的办公厅（室）主管本系统的政府信息公开工作。

政府信息公开工作年度报告需要包含哪些内容呢？有发布模板吗？

为规范政府信息公开工作年度报告，2021年国家发布了《国务院办公厅政府信息与政务公开办公室关于印发〈中华人民共和国政府信息公开工作年度报告格式〉的通知》。

对2019年版年报格式和相关要求做出了更新，明确要求年报内容应当包括以下方面的内容

总体情况

行政机关收到和处理政府信息公开申请情况

政府信息公开工作存在的主要问题及改进情况

行政机关主动公开政府信息情况

因政府信息公开工作被申请行政复议和提起行政诉讼情况

其他需要报告的事项

并提供了"政府信息公开工作年度报告格式模板"

数据统计过程中要注意以下两点问题。

一要注意数据间的逻辑关系，在统计规章和规范性文件数量时，本年度现行有效件数=上年度现行有效件数+本年制发件数-本年废止件数。

二要注意数据的统计范围，在统计行政许可、行政处罚和行政强制数量时，统计范围应包括已公开和依法未公开的全部处理决定。

二、主动公开政府信息情况

第二十条第（一）项			
信息内容	本年制发件数	本年废止件数	现行有效件数
规章			
规范性文件			
第二十条第（五）项			
信息内容	本年处理决定数量		
行政许可			
第二十条第（六）项			
信息内容	本年处理决定数量		
行政处罚			
行政强制			
第二十条第（八）项			
信息内容	本年收费金额（单位：万元）		
行政事业性收费			

行政机关收到和处理政府信息公开申请情况是指依申请公开的情况吗？

是的，这部分主要公开依申请公开的相关数据，从申请人的类别和申请件的最终处理结果两个维度进行统计。

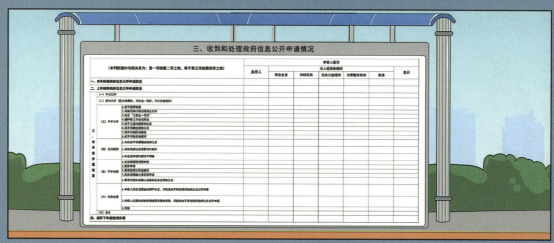

要注意数据准确、要素齐备。

一是连续两年年报数据之间的一致性，主要指"上年结转政府信息公开申请数量"与上一年度年报中的"结转下年度继续办理"数量保持一致。

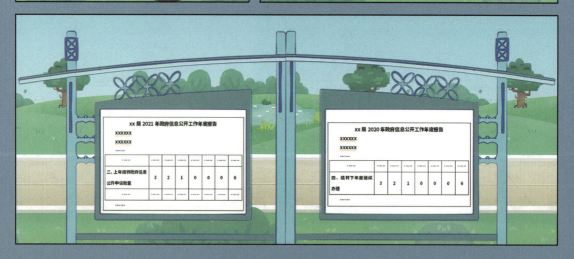

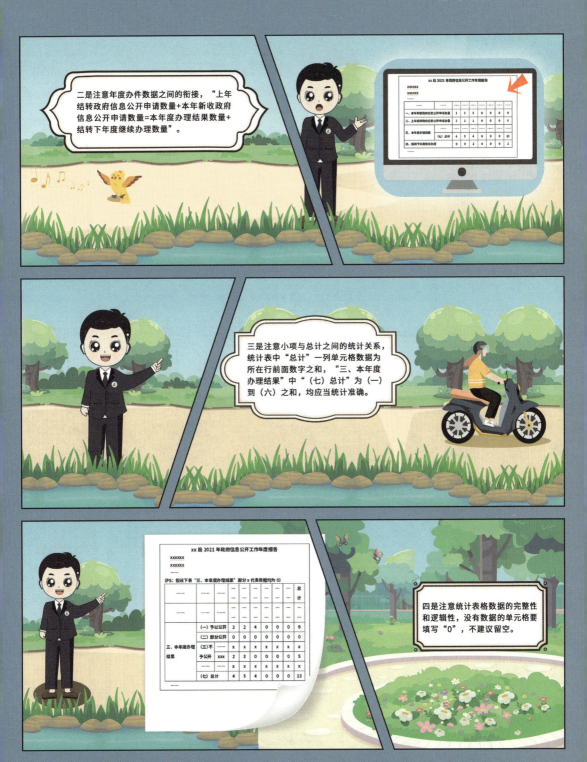

十四、政府信息公开指南

政府信息公开指南由谁来编制？在什么地方公开？有哪些内容？

根据新《条例》规定，本行政机关的政府信息公开指南由负责本行政机关政府信息公开日常工作的政府信息公开工作机构组织编制并及时更新。

《国务院办公厅政府信息与政务公开办公室关于规范政府信息公开平台有关事项的通知》文件要求各行政机关的政府信息公开平台要含有政府信息公开指南版块，各单位的政府信息公开指南在此版块公开。

根据新《条例》规定，政府信息公开指南内容需要包括以下信息。

政府信息的分类、编排体系、获取方式。

政府信息公开工作机构的名称、办公地址、办公时间、联系电话、传真号码、互联网联系方式。

《国务院办公厅政府信息与政务公开办公室关于政府信息公开申请接收渠道问题的解释》中还要求各行政机关的政府信息公开指南需要专门说明本单位所开通的申请接收渠道及具体的使用注意事项。

第四节

公共企事业单位信息公开

公共企事业单位信息公开

而新《条例》删除了参照执行的相关要求，重点关注公共企事业单位信息公开制度架构的建设，有利于公共企事业单位信息公开义务的落实和监管。

公共企事业单位信息公开由谁来负责监管呢？

新《条例》背景下，公共企事业单位信息公开被定位为行政管理事项，由行政机关依据相关法律法规监管，如教育机构的信息公开由教育部门依据相关法律法规来监管，医疗机构的信息公开由卫生管理部门依据相关法律法规来监管。

不再参照执行后，公共企事业单位的信息公开相关要求由谁制定？

为了落实相关监管责任，公共企事业单位的信息公开办法需要由对应的主管部门制定。

2020年12月，国务院办公厅印发《公共企事业单位信息公开规定制定办法》（以下简称《制定办法》），要求国务院有关部门要及时按照新《条例》和《制定办法》及时起草或修订相关领域的公共企事业单位信息公开规定。

公共企事业单位信息公开

具体哪些领域公共企事业单位的信息需要公开？

公共企事业单位的信息公开重点主要包括具有市场支配地位、公共属性较强、直接关系人民群众身体健康和生命安全的公共企事业单位，或者与服务对象之间信息不对称问题突出、需要重点加强监管的公共企事业单位。

其中，新《条例》明确列出的领域有教育、卫生健康、供水、供电、供气、供热、环境保护、公共交通等。

BUS

公共企事业单位的信息如何向社会公开？

根据《制定办法》，公共企事业单位信息公开的公开方式以主动公开为主，原则上不采取依申请公开的方式。

（具体领域公共企事业单位信息公开规定对依申请公开作出规定的，应当明确办理期限、处理方式、监督救济渠道等内容，确保依申请公开程序具备可操作性。）

同时，《制定办法》还要求公共企事业单位要设置信息公开咨询窗口

（以开通热线电话或者网站互动交流平台、接受现场咨询等为主，注重与公共企事业单位客户服务热线、移动客户端等的融合，避免不当增加公共企事业单位负担）

▷ 建立健全相应工作机制

▷ 加强沟通协商

▷ 限时回应关切

▷ 优化咨询服务

▷ 满足服务对象以及社会公众的个性化信息需求

公共企事业单位需要向社会公开哪些信息？

《制定办法》要求公共企事业单位要重点公开与人民群众日常生产生活密切相关的办事服务信息、对营商环境影响较大的信息、直接关系服务对象切身利益的信息、事关生产安全和消费者人身财产安全的信息、社会舆论关注度高、反映问题较多的信息和其他应当公开的重要信息。

具体各领域的应公开信息要参照该领域公共企事业单位信息公开规定执行，例如国家能源局2021年发布《供电企业信息公开实施办法》明确规定了供电企业应该公开的十大类具体信息。

如果公共企事业单位未履行信息公开的相应责任，有没有相关监管措施？

有的，公共企事业单位信息公开规定应当包括专门的责任条款，通过通报批评、责令整改、行政处罚等方式强化责任落实。公共企事业单位信息公开规定设定的行政处罚，以相关法律、行政法规授予有关主管部门的行政处罚权为依据。

公共企事业单位信息公开规定都是规章形式的吗？

依据文件要求，要以规章的形式制定公共企事业单位信息公开规定，制定规章条件暂不成熟的，可以先制定规范性文件，并在条件成熟后尽快制定规章。

公共企事业单位信息公开

第三章

依申请公开

第一节

定义、申请主体和答复主体

定义、申请主体和答复主体

需要注意的是，删去"自身生产、生活、科研等特殊需要"的条件限制并不意味着可以没有规则、不当行使政府信息公开申请权。

向谁申请获取政府信息呢？

新《条例》第二十七条规定除行政机关主动公开的政府信息外，公民、法人或者其他组织可以向地方各级人民政府、对外以自己名义履行行政管理职能的县级以上人民政府部门（含依照法律、法规对外以自己名义履行行政管理职能的行政机关设立的派出机构、内设机构）申请获取相关政府信息。

向谁申请能够最准确、便捷地获取所需要的信息？

最准确、便捷的渠道是向制作、获取并保存该信息的特定工作部门申请，这些部门往往与该信息所涉及的具体工作事项相关。

同时，不再具有政府信息公开主体资格的派出机构、内设机构不能作为行政复议的被申请人，只能按照行政复议法实施条例第十四条规定将派出机构、内设机构的设立机关作为被申请人申请行政复议。

可以向公共企事业单位提出信息公开申请吗？

这要分具体情况而定，新《条例》第五十五条规定"教育、卫生健康、供水、供电、供气、供热、环境保护、公共交通等与人民群众利益密切相关的公共企事业单位，公开在提供社会公共服务过程中制作、获取的信息，依照相关法律、法规和国务院有关主管部门或者机构的规定执行。"不再参照《政府信息公开条例》执行。

因此，各领域的信息公开单位是否接受信息公开申请应当以该领域主管部门或者机构出台的具体规定为准。

第二节

申请程序和答复规范

- 申请渠道
- 申请条件
- 答复要求
- 补正要求
- 收费要求
- 答复文书要求

以书面形式提出申请

一方面可以方便行政机关充分了解申请人的申请要求，准确、迅速地为申请人查找其所需要的政府信息，

另一方面保障了政府信息公开工作的严肃性，有效减少申请人与行政机关就政府信息公开申请内容和程序方面的争议，保证有据可查。

口头提出是对书面形式的补充

新《条例》规定"采用书面形式确有困难的，申请人可以口头提出"，这就要求代为填写政府信息公开申请的行政机关必须要如实记录申请人有关申请内容，申请人要对此确认无误。

申请程序和答复规范

一般来说，当面提交和邮政寄送是政府信息公开申请基本渠道，行政机关不得以任何理由拒绝这两个渠道提交的政府信息公开申请。

同时，行政机关要立足于实际，在实践需要和条件允许的基础上开通传真、线上申请、电子邮箱等多样化申请接收渠道，坚持"既尽力而为又量力而行"的基本准则，避免调门高、落实差。

我看很多地方都开通了网上依申请公开平台，这个是必须要开通的吗？

目前没有必须开通的相关规定，从便民利企的角度考虑，有条件的地区可以积极探索开通线上申请平台。

但从地方的探索和实践来看，一级政府构建一个集中统一的线上申请平台可能会成为未来的发展方向。

前面我们说到申请人可以在信息公开指南中查看申请接受渠道信息，那么各行政机关都必须要在信息公开指南中公开申请渠道信息吗？

是的，根据《国务院办公厅政府信息与政务公开办公室关于政府信息公开申请接收渠道问题的解释》，各行政机关的政府信息公开指南需要逐一列示本单位所开通的申请接收渠道及具体的使用注意事项。

行政机关只需要对其在信息公开指南中列出的申请接受渠道负责，没有法定义务处理申请人通过其他渠道提出的政府信息公开申请。

那如果行政机关没有在信息公开指南中专门说明申请接受渠道呢？

如果是在这种情况下，那么申请人通过任何渠道提交至行政机关的政府信息公开申请，都可能引发相应的法定义务和法律责任。

如果有申请人未按指南中提供的渠道提交申请，那么行政机关对于这类不规范申请该怎么处理呢？

查询指南

前面我们说到过，当面提交和邮政寄送是政府信息公开申请的基本渠道。

这两种渠道中，当面提交渠道出现问题几率较小，一般都有行政机关现场引导。

情况分类一

实际收件人将政府信息公开申请转给政府信息公开工作机构

处理方法一

政府信息公开工作机构应当在实际收到信息公开申请的当日电话联系申请人予以确认，经过确认后才能正式接收该申请。

情况分类二

实际收件人没有将政府信息公开申请转给政府信息公开工作机构

处理方法二

申请人提交的申请属于无效申请。

情况分类三

申请人没有提供联系电话或提供的联系电话无法接通

处理方法三

行政机关不能正式接受该申请，应当做好登记，自恢复与申请人的联络之日正式接受该申请。

情况分类四

申请人以平信等无需签收的邮寄方式提交信息公开申请

处理方法四

行政机关按要求与申请人确认后才能正式接收该申请。

《刘某珍与某市人民政府政府信息公开案》[18]中申请人申请公开"世博会可行性研究报告、土地拍卖情况、拆迁补偿安置方案决议过程和记录、拆迁补偿安置政策文件、拆迁补偿安置资金预算及资金的最终分配结果"等信息。

智慧仔解说

18
案号：最高人民法院（2017）最高法行申5138号。

申请

○ 世博会可行性研究报告
○ 土地拍卖情况
○ 拆迁补偿安置方案决议过程和记录
○ 拆迁补偿安置政策文件
○ 拆迁补偿安置资金预算及资金的最终分配结果

该申请涉及世博会相关的多个建设项目可行性研究报告和多个地块的征收补偿安置情况、土地拍卖情况等，其指向性不明确、不具体，也不符合"一事一申请"的基本要求。

经某市政府告知补正后，申请人仍未予以进一步明确，因而不符合政府信息公开法定申请条件，不予公开答复。一审、二审法院及最高人民法院均驳回了申请人诉讼请求。

为什么还要提供"申请公开的政府信息的形式要求"？

申请程序和答复规范

新《条例》第二十九条第二款规定政府信息公开申请应当包括"申请公开的政府信息的形式要求"，这里的形式要求是申请人指定具体的获取信息的方式、途径，如获取经过核实的副本、获取电子邮件、通过传真获取等。

在《褚某付、王某林与某市人民政府政府信息公开案》[19]中再审申请人认为其在信息公开申请书中写明的"公开、公布"即是申请公开政府信息的形式要求。

智慧仔解说

19
案号：最高人民法院（2017）最高法行申7093号。

最高人民法院认为申请人未能理解法律规定的真实含义，"公开、公布"并不是申请人指定获取信息的方式，在此项内容欠缺情况下，行政机关告知申请人做出补充，应属必要。

邮寄送达，是否有必要在信件封面上标注"政府信息公开申请"字样？

通过邮寄送达的政府信息公开申请，建议在信件封面标注"政府信息公开申请"字样，避免信件被作为私人信件处理。

大多数行政机关政府信息公开指南中关于邮寄送达的申请接受渠道都要求在信封写明"政府信息公开申请"字样。

政府信息公开申请

三、答复要求

申请人提出申请之后，一般多久会收到答复？

依据新《条例》要求，行政机关收到政府信息公开申请，能够当场答复的，应当场予以答复。

行政机关不能当场答复的，应当自收到申请之日起20个工作日内予以答复。

怎么算是"收到申请之日"？

根据新《条例》和《国务院办公厅政府信息与政务公开办公室关于政府信息公开期限有关问题的解释》，信息公开处理期限，自收到申请之日的次日起计算。

情况分类	收到申请之日
申请人当面提交信息公开申请的	以提交之日为收到申请之日
申请人以邮寄方式提交信息公开申请的	以行政机关签收之日为收到申请之日
申请人以平常信函等无需签收的邮寄方式提交信息公开申请的，或者将信息公开申请寄送至行政机关政府信息公开工作机构以外的机构或个人的	政府信息公开工作机构应当在实际收到信息公开申请的当日电话联系申请人予以确认，并以确认之日为收到申请之日
申请人没有提供联系电话或提供的联系电话无法接通的	行政机关政府信息公开工作机构应当做好登记，自恢复与申请人的联络之日启动处理程序并起算期限
申请人通过行政机关对外公布的信息公开申请邮箱提交申请的	自电子邮件系统接收之日为收到申请之日
申请人通过行政机关对外公布的信息公开申请传真提交申请的	自传真收到并双方确认之日为收到申请之日
申请人通过行政机关对外公布的其他接收渠道提交申请的	以行政机关规定的时间为收到申请之日，没有规定的，以双方确认之日为收到申请之日

"收到申请之日"分这几种情况确定。

申请程序和答复规范

申请程序和答复规范

此后仍达不到补正效果的，可依据客观事实作出无法提供的决定。

申请人拒绝补正或无正当理由逾期不补正，视为放弃申请，行政机关不再对该政府信息公开申请进行处理。

不一定。补正原则上不超过一次，申请人补正后仍然无法明确申请内容的，行政机关可以通过与申请人当面或者电话沟通等方式明确其所需获取的政府信息；

如果申请人拒不补正呢？

不是。补正期限不包括在答复期限内，答复期限自行政机关收到补正之日起计算。

前面我们说到答复期限为20个工作日，那补正的期限是包括在这20个工作日内的吗？

补正信息

假如某单位于2022年5月3日收到一份政府信息公开申请，但申请内容不明确，要求申请人补正后，于5月15日收到补正信息，那么答复期限则从5月15日起开始计算。

具体有哪些情况是需要补正的呢?

要求补正的情形主要包括以下三种:

1. 未能提供申请人的姓名或者名称、身份证明、联系方式;

2. 申请公开的政府信息的名称、文号或者其他特征性描述不明确或有歧义;

3. 申请公开的政府信息的形式要求不明确,包括未明确获取信息的方式、途径等。

如果我申请政府信息公开,需要交钱吗?

五、收费要求

根据相关文件规定,一般情况下不收费,但申请数量和频次超过合理范围的可以收取信息处理费。国家收费标准如下:

收费项目	政府信息公开信息处理费						
收费依据	《中华人民共和国政府信息公开条例》(中华人民共和国国务院第711号令) 《国务院办公厅关于印发〈政府信息公开信息处理费管理办法〉的通知》(国办函〔2020〕109号)						
收费标准	按件计收: 同一申请人一个自然月内累计申请件数。			按量计收:以单件政府信息公开申请为单位分别计算页数(A4及以下幅面纸张的单面为1页),对同一申请人提交的多件政府信息公开申请不累加计算页数。			
	10件以下(含10件)	11-30件(含30件)	31件以上的部分	30页以下(含30页)	31-100页(含100页)	101-200页(含200页)	201页以上
	不收费	100/件	以10件为一档,每增加一档,收费标准提高100元/件	不收费	10元/页	20元/页	40元/页
资金管理方式	属于行政事业性收费,按照政府非税收入和国库集中收缴管理有关规定纳入一般公共预算管理,及时足额缴入同级国库。						

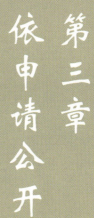

第三节

处理决定类型

予以公开情形 ◉

不予以公开情形 ◉

无法提供情形 ◉

不予处理情形 ◉

部分予以公开情形 ◉

二、不予以公开情形

不予公开有哪些情形？

行政机关依据信息公开条例的规定决定不予公开的，告知申请人不予公开并说明理由。

不予公开政府信息时，必须要以8条豁免条款作为法律依据。

豁免条款	《条例》对应条款
依法确定为国家秘密	第十四条
法律、行政法规禁止公开	第十四条
公开后可能危及国家安全、公共安全、经济安全、社会稳定	第十四条
涉及商业秘密、个人隐私等，公开后会对第三方合法权益造成损害	第十五条
人事管理、后勤管理、内部工作流程等行政机关的内部事务信息	第十六条第一款
行政机关在履行行政管理职能过程中形成的讨论记录、过程稿、磋商信函、请示报告等过程性信息（若法律、法规、规章规定应当公开的，从其规定）	第十六条第二款
行政执法案卷信息（若法律、法规、规章规定应当公开的，从其规定）	第十六条第二款
所申请公开信息属于工商、不动产登记资料等信息，有关法律、行政法规对信息的获取有特别规定的，告知申请人依照有关法律、行政法规的规定办理	第十六条第一款第（七）项

不予公开的答复文书有什么要求？

行政机关决定不予公开的，要出具正式的政府信息公开处理决定书，包括文号、签章、日期等格式要素，以及申请人申请时间、申请内容、不予公开的法律依据、救济渠道等内容要素。

四、不予处理情形

什么情况下申请信息不予处理？

不予处理情形主要有5种。

信访、举报、投诉等诉求类申请。行政机关告知申请人不作为政府信息公开申请处理。

举报

重复申请。告知申请人不予重复处理。

申请内容为政府公报、报刊、书籍等公开出版物的，行政机关可以告知获取的途径。

无正当理由申请人申请公开政府信息的数量、频次明显超过合理范围。行政机关可以要求申请人说明理由，行政机关认为申请理由不合理的，告知申请人不予处理。

要求行政机关确认或者重新出具已获取信息。

五、部分予以公开情形

什么是部分予以公开，申请人申请公开的信息能只公开其中一部分吗？

主要还是看申请公开的信息内容，申请公开的信息中含有不予公开/无法提供/不予处理的内容，但是能够作区分处理的，行政机关应当向申请人提供可以公开的政府信息内容，并对不予公开的内容说明理由。

第四章 基层政务公开标准化规范化

第一节

基层政务公开标准化规范化

基层政务公开标准化规范化是什么时候提出来的？

《国务院办公厅印发〈关于全面推进政务公开工作的意见〉实施细则的通知》提出要推进基层政务公开标准化规范化。

在全国范围内选取100个县（市、区）开展"五公开"标准化规范化试点工作。

2017年发布了

《国务院办公厅关于印发开展基层政务公开标准化规范化试点工作方案的通知》。

确定了100个县（市、区）作为试点单位。

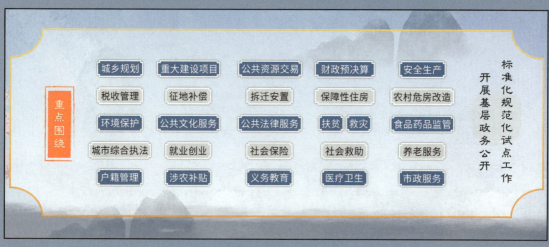

26个领域基层政务公开标准指引如下：

1. 《民政部办公厅关于印发社会救助和养老服务领域基层政务公开标准指引的通知》
2. 《关于印发户籍管理领域基层政务公开标准指引的通知》
3. 《司法部办公厅关于印发公共法律服务领域基层政务公开标准指引的通知》
4. 《国务院扶贫办综合司关于印发扶贫领域基层政务公开标准指引的通知》
5. 《国家发展改革委办公厅关于印发〈重大建设项目领域基层政务公开标准指引〉的通知》
6. 《应急管理部办公厅关于印发安全生产和救灾领域基层政务公开标准目录指引的通知》
7. 《人力资源社会保障部办公厅关于印发就业和社会保险领域基层政务公开标准指引的通知》
8. 《教育部办公厅关于印发〈义务教育领域基层政务公开标准指引〉的通知》
9. 《食品药品监管领域基层政务公开标准指引》

10. 《自然资源部办公厅关于印发〈自然资源领域基层政务公开标准指引〉的通知》[20]
11. 《国家发展改革委办公厅关于印发公共资源交易领域基层政务公开标准指引的通知》
12. 《国家税务总局办公厅关于印发税收管理领域基层政务公开标准指引的通知》
13. 《农业农村部办公厅关于印发涉农补贴领域基层政务公开标准指引的通知》
14. 《关于印发生态环境领域基层政务公开标准指引的通知》
15. 《关于印发财政预决算领域基层政务公开标准指引的通知》
16. 《国家卫生健康委办公厅关于印发卫生健康领域基层政务公开标准指引（试行）的通知》
17. 《文化和旅游部办公厅 国家文物局办公室关于印发〈公共文化服务领域基层政务公开标准指引〉的通知》
18. 《住房和城乡建设部办公厅关于印发保障性住房等基层政务公开标准目录的通知》[21]

[20] 智慧仔解说
2022年印发《自然资源领域基层政务公开标准指引》，同时废止了《自然资源部办公厅关于印发城乡规划领域基层政务公开标准指引的通知》（自然资办函〔2019〕981号）、《自然资源部办公厅关于印发〈农村集体土地征收基层政务公开标准指引〉的通知》（自然资办函〔2019〕1105号）。

[21] 智慧仔解说
包含保障性住房领域、国有土地上房屋征收与补偿领域、市政服务领域、农村危房改造领域、城市综合执法领域等基层政务公开标准目录。

目前，试点工作已经结束了吗？

同时还要依据法律法规和本部门本系统职责变化情况，发挥专业优势，做好标准指引的调整完善，指导基层政务公开标准指引的编制。

截至2022年9月，已出台7个其他领域的基层政务公开标准指引。

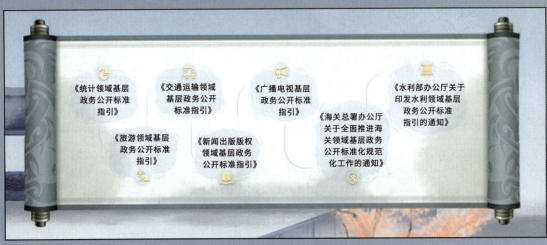

《统计领域基层政务公开标准指引》

《交通运输领域基层政务公开标准指引》

《广播电视基层政务公开标准指引》

《水利部办公厅关于印发水利领域基层政务公开标准指引的通知》

《旅游领域基层政务公开标准指引》

《新闻出版版权领域基层政务公开标准指引》

《海关总署办公厅关于全面推进海关领域基层政务公开标准化规范化工作的通知》

各地基层政府依据国务院部门发布的这些标准指引来执行就行了吗？

基层政务公开标准化规范化

当然不是，依据文件要求，基层政府（包括县、不设区的市、市辖区人民政府和乡镇人民政府、街道办事处）要对照国务院部门制定的26个试点领域政务公开标准指引，编制完成本级政务公开事项标准目录。

各地基层政府在编制目录时要因地制宜、实事求是，紧贴市场主体和人民群众实际需求，体现地区和领域特点，避免公开事项及标准"一刀切"。

基层政府编制的政务公开事项标准目录需要包括哪些要素？

目录应当包括公开事项的名称、内容、依据、时限、主体、方式、渠道、公开对象等要素。

推进基层政务公开标准化规范化就只是要落实各领域标准指引吗？

不仅仅是要落实各领域标准指引，《"两化"指导意见》还对基层政务公开工作流程和公开平台规范化、健全完善基层行政决策公众参与机制和解读回应工作机制、办事服务公开标准化等方面提出了要求。

基层政务公开标准化规范化

基层政府要加强政府信息资源的标准化、信息化管理，充分发挥政府门户网站、政务新媒体、政务公开栏等平台作用，更多运用信息化手段做好政务公开工作。

积极借助县级融媒体中心优势和渠道，扩大政府信息传播力和影响力。

政府门户网站作为政务公开第一平台，要集中发布本级政府及部门、乡镇（街道）应当主动公开的政府信息，开设统一的互动交流入口和在线办事入口，便利企业和群众。

政务服务大厅、便民服务中心等场所要设立标识清楚、方便实用的政务公开专区，提供政府信息查询、信息公开申请、办事咨询答复等服务。

基层政务公开标准化规范化

这里说的"基层"，只是对县级政府的要求吗？对农村和社区有没有要求？

有要求，要推动基层政务公开标准化规范化向农村和社区延伸。

基层政府要指导支持村（居）民委员会依法自治和公开属于自治范围内的事项。

完善基层政务公开与村（居）务公开协同发展机制，使政务公开与村（居）务公开有效衔接、相同事项的公开内容对应一致。

指导村（居）民委员会建立完善公开事项清单，通过村（居）民微信群、益农信息社、公众号、信息公示栏等。

重点公开脱贫攻坚、乡村振兴、村级财务、惠农政策、养老服务、社会救助等方面的内容，方便群众及时知晓和监督。

第四章

基层政务公开标准化规范化

第二节

政务公开专区

什么是政务公开专区？

政务公开专区是各级人民政府在政务服务大厅、便民服务中心等公共服务场所设立的，提供政府信息查询、信息公开申请、办事咨询服务、政策宣传解读的区域。

为什么要建立政务公开专区？

《中华人民共和国政府信息公开条例》第二十五条明确规定：

"各级人民政府应当在国家档案馆、公共图书馆、政务服务场所设置政府信息查阅场所，并配备相应的设施、设备，为公民、法人和其他组织获取政府信息提供便利。行政机关可以根据需要设立公共查阅室、资料索取点、信息公告栏、电子信息屏等场所、设施，公开政府信息。行政机关应当及时向国家档案馆、公共图书馆提供主动公开的政府信息。"

比如说六安市裕安区政务公开专区，是裕安区人民政府创新打造的"综合性、一站式"政务公开专区。

选取区政务服务大厅、六安市火车站以及各乡镇（街道）务实建设政务公开专区，满足政府信息查询、信息公开申请、办事咨询答复等基本服务，突出本地特色、积极探索创新、发挥专区便民利企的作用，其中六安火车站政务公开专区是全国首个火车站政务公开专区。

2021年初，裕安区首家政务公开专区正式亮相，按照"标准+特色"建设思路，在区政务服务大厅建设政务公开专区，实现政务公开与政务服务深度融合，提升群众获得感和满意度，为全区建设政务公开专区提供样板。

随后，裕安区以此为样板，精心打造，谋划标杆，凸显地域特色，建成22个乡镇（街道）政务公开专区，多区域、多角度推广试点经验，实现政务公开专区全覆盖。

哇，六安火车站还建立了政务公开专区，还是全国首个，能详细说说这个专区吗？

第五章

政务公开的延伸

第一节

司法公开

概念 •

文件依据 •

公开内容 •

优秀案例 •

司 法 公 开

什么是司法公开？

司法公开的文件依据有哪些，发展历程如何？

概念

最高人民法院

根据《最高人民法院关于司法公开的六项规定》，司法公开包括六个方面。

分别是 | 立案公开 | 听证公开
执行公开 | 文书公开
庭审公开 | 审务公开

文件依据

发展历程

2000年

《最高人民法院裁判文书公布管理办法》（法办发〔2000〕4号）要求向社会公布裁判文书。

《最高人民法院印发〈关于司法公开的六项规定〉和〈关于人民法院接受新闻媒体舆论监督的若干规定〉的通知》（法发〔2009〕58号）进一步确定了司法公开的六项内容。

2009年

2013年

《最高人民法院关于公布失信被执行人名单信息的若干规定》正式施行。

同年，《最高人民法院关于推进司法公开三大平台建设的若干意见》（法发〔2013〕13号）就全面推进司法公开三大平台（审判流程公开、裁判文书公开、执行信息公开）建设提出明确目标和具体要求。

2018年

《最高人民法院关于进一步深化司法公开的意见》（法发〔2018〕20号）对进一步深化司法公开工作的总体要求、内容和范围、司法公开程序、平台载体建设管理和组织保障等方面作出了明确要求。

2016年

会议通过了修订后的《最高人民法院关于人民法院在互联网公布裁判文书的规定》（法释〔2016〕19号），进一步扩大了应当公开的裁判文书范围、进一步明确规范了裁判文书不公开的情形、进一步健全裁判文书公开工作机制。

我国目前关于司法公开的网站平台有哪些？

2013年	中国裁判文书网正式开通，最高人民法院在该网站率先集中公布第一批裁判文书。截至2015年6月底，裁判文书公开工作实现了全国法院全覆盖、案件类型全覆盖和办案法官全覆盖。
2013年	向社会开通了中国执行信息公开网，公布全国法院失信被执行人名单信息。
2014年	中国审判流程信息公开网正式开通，可查询案件进展情况。
2016年	开通了中国庭审公开网，为人民群众提供一个权威、便捷、可靠的庭审视频观看平台。

除了上面提到的四大公开平台，还有哪些司法公开途径？

还可以通过以下载体进行公开

▶ 报刊、广播、电视、网络等公共媒体
▶ 依照《人民法院法庭规则》开放旁听或报道庭审活动
▶ 人民法院公报、公告、规范性文件或其他正式出版物
▶ 人民法院政务网站或其他权威网站平台
▶ 新闻发布会、听证会、论证会等
▶ 人民法院官方微博、微信公众号、新闻客户端等新媒体
▶ 人民法院诉讼服务大厅、诉讼服务网、12368诉讼服务热线、移动微法院等诉讼服务平台
▶ 其他便于及时准确获取的方式

司法公开的内容有哪些？

公开内容

根据相关文件规定主动公开的内容包括

人民法院基本信息　诉讼服务信息　司法行政事务信息

审判执行信息　司法改革信息　国际司法交流合作信息　队伍建设信息

等7个方面

哪些人民法院基本信息需要公开？

人民法院应当主动公开以下基本信息

■ 机构设置　司法解释
■ 指导性案例　规范性文件
■ 向同级人民代表大会所作的工作报告
■ 重要会议、重大活动和重要工作等动态信息
■ 其他需要社会广泛知晓的基本信息

司法公开

审判执行信息需要主动公开什么?

人民法院应当主动公开以下审判执行信息

- 司法统计信息 • 审判执行流程信息
- 公开开庭审理案件的庭审活动 • 裁判文书
- 重大案件审判情况 • 执行工作信息
- 减刑、假释、暂予监外执行信息 • 企业破产重整案件信息
- 各审判执行领域年度工作情况和典型案例
- 司法大数据研究报告
- 审判执行理论研究、司法案例研究成果
- 其他涉及当事人合法权益、社会公共利益或需要社会广泛知晓的审判执行信息

哪些诉讼服务信息需要主动公开?

人民法院应当主动公开以下诉讼服务信息

- 诉讼指南
- 人民法院公告
- 司法拍卖和确定财产处置参考价相关信息
- 司法鉴定、评估、检验、审计等专业机构、专业人员信息,破产管理人信息,暂予监外执行组织诊断工作信息,专家库信息
- 特邀调解员、特邀调解组织、驻点值班律师、参与诉讼服务的专家志愿者等信息
- 申诉信访渠道
- 其他涉及当事人合法权益、社会公共利益或需要社会广泛知晓的诉讼服务信息

司法改革信息需要公开什么内容?

需要主动公开的司法改革信息有人民法院司法改革文件、人民法院重大司法改革任务进展情况、人民法院司法改革典型案例以及其他需要社会广泛知晓的司法改革信息。

哪些法院的司法公开做的较好？

参考《中国司法透明度指数报告（2021）——以法院网站信息公开为视角》22

智慧仔解说
22 参见《中国法治发展报告No.20（2022）》，社会科学文献出版社，2022，第278~316页。

优秀案例

在审务信息公开方面，广州中院人员信息分类公开且内容全面详细，除公开了院领导、行政领导、员额法官、书记员、法官助理和司法警察等评估指标涉及的数据外，还公开了廉政观察员信息、公务员招录、员额法官管理、劳动合同制人员招录信息、法律职务任免等人员信息。

宁波中院网站建立多样化沟通渠道，功能设置齐全，提供了公众服务、律师服务和网上信访等渠道，方便与群众沟通。

江苏高院、浙江高院等多家法院在门户网站上统一公开了省级对外委托机构信息平台。

在审判信息公开方面，山东高院建立了道路交通事故损害赔偿纠纷网上数据一体化处理平台，开通在线调解、视频调解通道，解决多发的道路交通损害纠纷，还出台了规范性文件来规范本省非诉讼纠纷解决机制，对多元化解纠纷的概念、范围、程序等说明比较全面；辽宁高院提供了互联网庭审云平台，开通互联网法庭渠道。

中国社会科学院法学研究所法治指数创新工程项目组围绕审务信息公开、审判信息公开、执行信息公开、司法数据公开和司法改革信息公开对全国法院常态化开展司法透明度指数评估，连续多年编写了《中国司法透明度指数报告》，并在每年的《法治蓝皮书·中国法治发展报告》中对外发布。

第五章
政务公开的延伸

第二节

检务公开

概念 ●

文件依据 ●

公开要求 ●

优秀案例 ●

检务公开

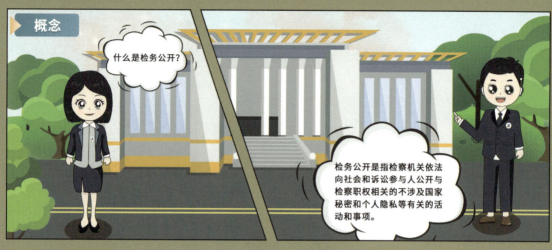

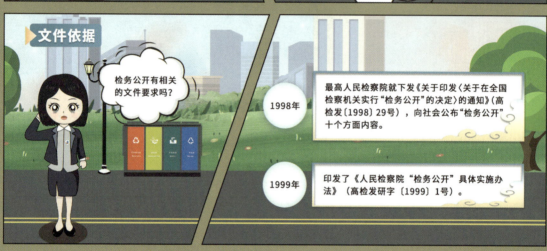

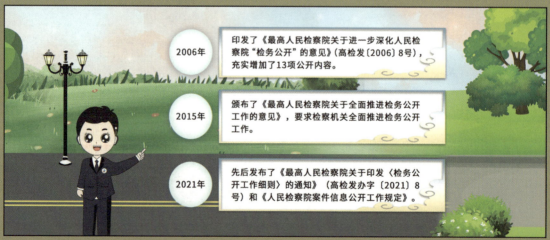

哪些检察业务信息需要主动公开？

要主动公开社会关注的重要案件信息和检察法律文书，依申请提供案件程序性信息查询。及时发布指导性案例、典型案例，主要检察业务数据及分析信息，司法解释等规范性文件，诉讼便民服务信息等。

哪些检察政务信息需要主动公开？

要主动公开检察机关的机构设置、职权范围和检察官的职责、义务和权利。

已出台的重大司法改革举措；接受外部监督、保障群众参与情况。

向同级人民代表大会及其常委会所作的工作报告、专项报告和最高人民检察院公报、检察白皮书；检察机关的重要部署、重大举措、重点工作、专项活动。

部门及所属单位预算、决算包括"三公"经费情况，以及政府采购情况；信息化建设情况；窗口部门的办公地址、工作时间、联系方式等信息。

检察队伍信息需要公开哪些内容？

要主动公开检察机关党建工作和思想政治建设情况；领导班子成员、检察委员会专职委员、检察委员会委员、各部门负责人以及检察官名单等信息；检察人员招录遴选和教育培训等专业化建设信息；职业道德建设、纪律作风建设等情况；检察系统督察巡视巡察情况；检察文化建设情况。

前面我们说到要主动公开重要案件信息，由谁来负责公开呢？

人民检察院负责案件管理的部门是案件信息公开工作的主管部门，案件信息由办理该案件的人民检察院负责发布。

案件信息经过综合评估并按规定程序审核后，可向社会公开。重要案件信息公开应遵循上下级同步公开机制。对正在办理的案件，可以公开案件基本情况，但不得向社会发布有关案件事实和证据认定方面的具体信息。

哪些案件信息需要公开？

案件信息公开范围主要有两大方面

一是关注度较高、影响较大的刑事案件、民事检察案件、行政检察案件、公益诉讼案件的办理情况；

二是具有示范引领效果、促进社会治理的相关案件信息（包括对统一法律适用、普法具有重要意义的指导性案例和典型案例，案件公开听证情况，社会治理类检察建议，重大、专项业务工作的进展和结果信息，其他应予发布的案件信息）。

哪些人可以查询案件信息？

当事人及其法定代理人、近亲属、辩护人、诉讼代理人等，可以依照规定，向办理该案件的人民检察院查询案件信息。

具体可以查询案件的哪些信息？

可以查询案由、受理时间、办案期限、办案组织、办案进程、处理结果、强制措施，查封、扣押、冻结涉案财物的处置情况，法律文书公开情况等案件程序性信息。

可查询的法律文书包括未向社会公开的起诉书、抗诉书、不起诉决定书；逮捕决定书、不予逮捕决定书；批准逮捕决定书、不批准逮捕决定书；撤销案件决定书；赔偿监督申请审查结果通知书、赔偿监督案件审查结果通知书。

申请人如何查询案件信息？

当事人及其法定代理人、近亲属、辩护人、诉讼代理人等首次申请查询，应当向办理相关案件的人民检察院负责案件管理的部门提交身份证明、委托书等证明材料，人民检察院对符合条件的，应当提供查询服务，并提供网上查询账号。查询申请人可以凭账号登录"12309中国检察网"，查询相关案件信息。

当事人的辩护律师或者代理律师可以直接通过"12309中国检察网"或者微信平台、手机APP，在线注册后，查询案件信息。

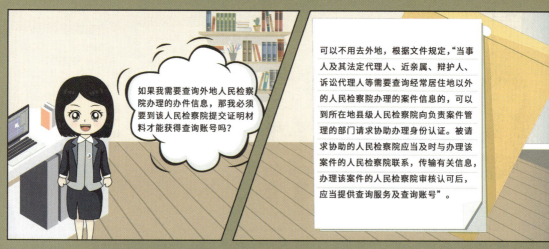

如果我需要查询外地人民检察院办理的办件信息，那我必须要到该人民检察院提交证明材料才能获得查询账号吗？

可以不用去外地，根据文件规定，"当事人及其法定代理人、近亲属、辩护人、诉讼代理人等需要查询经常居住地以外的人民检察院办理的案件信息的，可以到所在地县级人民检察院向负责案件管理的部门请求协助办理身份认证。被请求协助的人民检察院应当及时与办理该案件的人民检察院联系，传输有关信息，办理该案件的人民检察院审核认可后，应当提供查询服务及查询账号"。

我看网上有公开的法律文书，检务工作的法律文书是都可以公开的吗？

不是，需要公开的法律文书主要有两大类。

一是社会广泛关注的、具有一定社会影响的案件涉及的刑事案件起诉书、抗诉书；不起诉决定书；刑事申诉结果通知书。

二是具有示范引领效果、促进社会治理的案件涉及的民事检察法律文书（包括民事抗诉书、再审检察建议书、不支持监督申请决定书、复查决定书、终结审查决定书等）、行政检察法律文书（行政抗诉书、再审检察建议书、不支持监督申请决定书、终结审查决定书等）、民事公益诉讼起诉书、行政公益诉讼起诉书。

检务工作的法律文书内容能全文向社会公开吗？

不能，法律文书向社会公开时需要隐蔽处理部分信息。

在"12309中国检察网"公开的，除了对当事人及其他诉讼参与人（包括刑事案件的被害人及其法定代理人、附带民事诉讼原告人及其法定代理人、证人、鉴定人；不起诉决定书中的被不起诉人；公益诉讼案件中的企业当事人）的姓名视情做隐名处理外，还应当屏蔽以下7项内容。

1.与公众了解案情无关的自然人信息，如：家庭住址、通讯方式、公民身份号码（身份证号码）、社交账号、银行账号、健康状况、车牌号码、动产或不动产权属证书编号、工作单位等；

2.未成年人的相关信息；

3.法人以及其他组织的银行账号、车牌号码、动产或不动产权属证书编号、地址；

4.涉及国家秘密、商业秘密、个人隐私的信息；

5.涉及技术侦查措施的信息；

6.根据文书表述的内容可以直接推理或者符合逻辑地推理出属于需要屏蔽的信息；

7.其他不宜公开的内容。

在互联网上公开法律文书，除以上要求进行隐名和屏蔽处理的外，需要公开当事人及其法定代理人是自然人的，保留姓名、出生日期、性别、住所地所属县、区；当事人是法人或其他组织的，保留名称以及法定代表人或主要负责人的姓名、职务；委托代理人、辩护人是律师或者基层法律服务工作者的，保留姓名、执业证号和律师事务所、基层法律服务机构名称；委托代理人、辩护人是其他人员的，保留姓名、出生日期、性别、住所地所属县、区，以及与当事人的关系。

业务数据信息主要公开哪些数据？

检察机关主要办案数据，立足履行法律监督职能、服务经济社会发展的数据信息，促进、推动社会治理的数据信息，对社会具有警示意义的数据信息，包括典型类案新情况新特点新变化新趋势，其他应予发布的业务数据。

优秀案例

在检务公开方面有做的比较好的案例可以参考吗？

参考《中国检务透明度指数报告（2021）——以检察院网站信息公开为视角》[23]，在互动公开方面，贵州省升级改造12309检察服务实体平台，由之前单一的接待来访功能，升级为集控告申诉、检察公开、检察宣传等于一体的一站式检察服务实体平台，并建成12309检察服务网络平台，提供在线控告、申诉、法律咨询等服务。

在听证直播方面，贵州省赤水市人民检察院的公开听证，不仅在听证会举行前向社会公开了包括案件名称、案由和听证会时间地点、联系方式等要求的听证公告，还在听证会之后公开听证录像和相关新闻报道。

在平台建设方面，江苏检察网首页将下级各检察院整合在内，并将"泰州检察公益卫士随手拍""仪征检民直通车""江阴未检监督平台"等各地区检察院特色服务置于其首页。四川全省三级检察院均在12309检察服务中心开通"民营企业绿色通道"，设立"民营企业诉求反映窗口"，提供"一站式"的公开、咨询、办理等服务，发挥了公开及其延伸效能。

智慧仔解说

[23] 参见《中国法治发展报告No.20（2022）》，社会科学文献出版社，2022，第317~343页。

第三节

警务公开

概念 ◉

文件依据 ◉

公开内容 ◉

优秀案例 ◉

警务公开

概念

警务公开是什么？

警务公开是指依法公开警务活动的依据、过程和结果，把各项警务活动置于广泛的社会监督之下，以促进和保障公安机关依法办事，严格、公正地执法。

公安机关的执法办案和行政管理工作，除法律法规规定不能公开的事项外，都要予以公开。

文件依据

警务公开有哪些文件规定？

公安部于1999年6月10日印发了《关于在全国公安机关普遍实行警务公开制度的通知》（公通字〔1999〕43号）。

2018年公安部修订了《公安机关执法公开规定》（公通字〔2018〕26号）。

XX市公安局

公开内容

警务公开，主要公开哪些警务信息？

警务公开主要包括执法依据和制度、程序，刑事执法，行政执法，警务工作纪律等方面。

第四节

村务公开

概念 ◉

文件依据 ◉

公开要求 ◉

优秀案例 ◉

村务公开

概念

村务公开指什么？

村务公开是指村民委员会组织将涉及村集体和关系村民利益的公共事务办理情况，通过一定形式和程序告知全体村民，并由村民参与管理、实施监督的一种民主行为。

村民委员会

文件依据

为什么要推进村务公开？

推进村务公开，有利于打通基层政务公开"最后一公里"，更加方便群众获取政府信息。

2017年，习近平同志来到江苏省徐州市潘安湖街道马庄村考察，在村综合服务室通过电视屏幕观看信息公开演示，通过电脑了解村民查询有关事项的流程，叮嘱当地干部一定要把村务公开和信息服务这件事办好，真正做到让数据多跑路、让群众少跑腿。

马庄村综合服务

村务公开有哪些文件规定？

早在20世纪90年代就有关于村务公开的政策文件了，例如《中共中央办公厅、国务院办公厅关于在农村普遍实行村务公开和民主管理制度的通知》（中办发〔1998〕9号）和《中华人民共和国村民委员会组织法》。

2004年，印发了《中共中央办公厅、国务院办公厅关于健全和完善村务公开和民主管理制度的意见》（中办发〔2004〕17号），进一步促进农村村务公开和民主管理的发展。

2021年，实施了《村务公开管理规范》（国家标准GB/T40088-2021），该文件详细规定了村务公开的

定义	原则	实施主体
公开内容和要求		公开形式
公开时间	公开程序	监督考评

公开要求

村务信息公开与政务信息公开的时间要求一样吗？

不一样的。一般的村务事项至少每季度公开一次；涉及农民利益的重大事项要随时公开。集体财务往来较多的村，财务收支情况应每月公布一次。

村务公开栏的内容保留期限应不少于10个自然日，网络公开的内容保留期不少于一年。

信息公开栏

我看有的村里会设置村务信息公开栏，村务信息都在这里公开吗？

不全是在公开栏里公开，除在便于群众观看的地方设立固定的村务公开栏外

还可以通过

户外LED屏宣传栏

电视

民主听证会

网络

手机APP

等其他有效形式公开

广播

"明白纸"

触摸查询机

电脑

村务公开有程序要求吗？

有，村民委员会根据本村的实际情况，依照法规和政策的有关要求提出公开的具体方案；村务公开监督小组对方案进行审查、补充、完善后，提交村党组织和村民委员会联席会议讨论确定；村民委员会通过村务公开栏等形式及时公布。

每一次村务公开后，党支部和村委会要及时召开党员大会、村民会议或村民代表会议，广泛听取群众的反映和意见。对群众提出的疑问，要及时作出解释；对群众提出的要求，要及时予以答复；对大多数群众不赞成的事情，应坚决予以纠正。

村民代表大会

村务公开

村务公开具体要公开什么内容？

根据《中共中央办公厅、国务院办公厅关于健全和完善村务公开和民主管理制度的意见》，村务公开内容包括以下内容。

一

国家有关法律法规和政策明确要求公开的事项，如计划生育政策落实、救灾救济款物发放、宅基地使用、村集体经济所得收益使用、村干部报酬等，应继续坚持公开。

二

村级财务公开，作为村务公开的重点，必须逐笔逐项公布所有收支明细账目，让群众了解、监督村集体资产和财务收支情况。依据《国务院办公厅关于印发2022年政务公开工作要点的通知》，当年面向农村的各类惠民惠农财政补贴资金实际发放结果，要在年底前以村为单位通过村务公开栏公开，公开期满相关材料留存村委会供村民查询。

三

根据农村改革发展的新形势、新情况，及时丰富和拓展村务公开内容。如土地征用补偿及分配、农村机动地和"四荒地"发包、村集体债权债务、税费改革和农业税减免政策、村内"一事一议"筹资筹劳、新型农村合作医疗、种粮直接补贴、退耕还林还草款物兑现，以及国家其他补贴农民、资助村集体的政策落实情况等等。

四

农民群众要求公开的其他事项，也应公开。

优秀案例

村务公开有做好的案例吗？

例如阜南县阳光村务信息网

进入各村的阳光村务信息网，可以分类查看村级概况、工作动态、通知公告、党务公开、村务公开、乡村振兴、三资公开、土地流转、办事流程、为民办事、往期栏目等信息，还包括了下属乡镇、职能部门链接。

全面推进政务公开工作

原来政务公开这么重要啊？

那当然咯，政务公开可是有着重要意义的。

《〈关于全面推进政务公开工作的意见〉实施细则》指出，政务公开是行政机关全面推进决策、执行、管理、服务、结果全过程公开，加强政策解读、回应关切、平台建设、数据开放，保障公众知情权、参与权、表达权和监督权，增强政府公信力、执行力，提升政府治理能力的制度安排。

政务公开是增强政府公信力和执行力的有效措施；是转变治理模式，建设服务政府的前提；是促进依法治国建设法治政府的关键；政务公开是推进治理能力现代化的内在要求。

新时代社会背景下，对政务公开又有什么新的要求？

国务院领导曾提到，在新时代社会背景下，人民群众对政务公开有许多新期待，信息技术发展对政务公开带来新挑战，政府职能转变对政务公开提出新任务。要以人民为中心做好新时代政务公开工作，全过程推进政务公开、全方位回应社会关切、全流程优化政务服务、全链条加强政务信息管理。

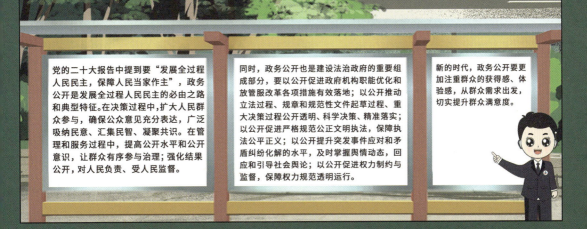

党的二十大报告中提到要"发展全过程人民民主，保障人民当家作主"，政务公开是发展全过程人民民主的必由之路和典型特征。在决策过程中，扩大人民群众参与，确保公众意见充分表达，广泛吸纳民意、汇集民智、凝聚共识。在管理和服务过程中，提高公开水平和公开意识，让群众有序参与治理；强化结果公开，对人民负责、受人民监督。

同时，政务公开也是建设法治政府的重要组成部分，要以公开促进政府机构职能优化和放管服改革各项措施有效落地；以公开推动立法过程、规章和规范性文件起草过程、重大决策过程公开透明、科学决策、精准落实；以公开促进严格规范公正文明执法，保障执法公平正义；以公开提升突发事件应对和矛盾纠纷化解的水平，及时掌握舆情动态，回应和引导社会舆论；以公开促进权力制约与监督，保障权力规范透明运行。

新的时代，政务公开要更加注重群众的获得感、体验感，从群众需求出发，切实提升群众满意度。

后　记

　　政务公开是行政机关全面推进决策、执行、管理、服务、结果全过程公开，加强政策解读、回应关切、平台建设、数据开放，保障公众知情权、参与权、表达权和监督权，增强政府公信力执行力，提升政府治理能力的制度安排（《国务院办公厅印发〈关于全面推进政务公开工作的意见〉实施细则的通知》）。

　　目前政务公开领域相关书籍以文字形式为主，读起来难免有些枯燥，漫画形式的书籍更能吸引读者的注意力、增强读者的阅读兴趣。我们还发现，在现阶段，不少群众、社会组织和行政机关对政务公开的认识仍有待提升，且因为种种原因，不能够及时、准确、全面地了解政务公开。

　　《漫说政务公开》一书从2022年2月份开始编写，在安徽观知天下数字科技发展有限公司研究团队多位成员的协助下，查阅相关资料、梳理相关政策文件，历经7个月完成文字书稿（相关数据及资料收集的截止时间为2022年9月），又耗时6个月由安徽观知天下数字科技发展有限公司设计团队主力完成漫画设计，期间多次斟酌修改，最终形成了这本漫画书。

　　《漫说政务公开》是一本综合性强、趣味性高、内容涵盖广且普及专业知识的书籍，本书追溯了政务公开的古往今来，汇集了各项法规政策，归纳了各领域公开要求，拓展了司法、检务、警务以及村务公开。对于刚开始研究政务公开的学者、从事政务公开工作的人员和想要了解政务公开的人民群众来说，具有很高的学习价值，读者可以通过这本书对政务公开产生全面的认识和了解。

　　最后，感谢各位读者对本书的支持。

著者

2023年7月